Edition Paashaas Verlag

AF667791

EPV

Titel: **Fundstücke**
Autor: Renate Habets
Originalausgabe Februar 2023
Covermotiv: Renate Habets
Covergestaltung: Michael Frädrich
Printed: BoD GmbH, Norderstedt

ISBN: 978-3-96174-115-1

Die Deutsche Nationalbibliothek verzeichnet diese Publikation in der Deutschen Nationalbibliografie; detaillierte bibliografische Daten sind im Internet über http://dnb.d-nb.de abrufbar.

Fundstücke

Inhalt

Vorwort

Fundstück: Gegenstand oder ähnliches, das von jemandem entdeckt wurde, lese ich. Entdeckt, gesehen, aufgenommen, betrachtet – was auch immer, er / sie / es war plötzlich da, entzündete die Phantasie, reizte zum Gestalten.
Fundstück.
Alles kann Fundstück sein, sei es rührend, lustig, böse. Es muss nur gesehen werden, aufgenommen, betrachtet ...
Fundstück: bunt wie das Leben.

Fundstücke – so, wie ich es aufgefunden habe, stehen sie nun da, die Texte. Ungeordnet: rührend, lustig, böse, kurios ..., nie aber überflüssig für die Betrachterin der Fundstücke.

Einige der Geschichten sind in Anthologien des Edition Paashaas Verlag erschienen, andere sind unveröffentlicht.
Viel Spaß beim Entdecken wünsche ich.

Ihre Renate Habets

Der Aufsatz

(aus „Kindheitserinnerungen)

Glücklich wechselte ich nach bestandener Aufnahmeprüfung von der Volksschule in Köln-Deutz zur Ursulinenschule in der Innenstadt und ging nun allmorgendlich als stolze Sextanerin mit meiner Freundin Annemie über die Hohenzollernbrücke zur Machabäerstraße.
Alles war neu, alles war spannend. Gebäude, Lehrerinnen (Lehrer hatten wir ja nicht), Unterrichtsgegenstände.
Mein absolutes Lieblingsfach war allerdings Deutsch, Deutsch bei Fräulein Zuppke. Ja, wir sagten damals tatsächlich noch Fräulein!
Ob es nun reale Geschichten waren, die wir im „Lebensgut" – so hieß nämlich unser Lesebuch – lasen oder Märchen, das war mir egal. Alle waren toll, auch wenn, das muss ich zugeben, viele der Geschichten, die damals in den Lesebüchern standen, wenig mit der Wirklichkeit einer zehnjährigen Stadtbewohnerin zu tun hatten. Entscheidend war ja in jenen Tagen für deren Auswahl nicht ihr Gegenwartsbezug, sondern eher ihre literarische Bewährung, der Vorbildcharakter, den sie für uns „kindliche Seelen" hatten. So war mir eine Beschreibung des Rheinfalls von Schaffhausen zwar ganz egal, aber nicht egal waren die wunderschönen altertümlichen Wortschöpfungen, die ich dort fand.
Hatte ich doch, seit ich die ersten Worte hatte lesen können, alles verschlungen, was mir in die Hände gefallen war. Und das war weiß Gott nicht immer etwas, das ich verstanden habe oder mit dem ich etwas habe anfangen können. Egal,

gelesen wurde es dennoch! Der Wortschatz wuchs und wuchs.

Aber auch der Grammatikunterricht faszinierte mich, was man kaum glauben sollte. Aber Subjekt, Prädikat oder Objekt eines Satzes zu finden oder zu bestimmen machte mir das Vergnügen, das ich heute wahrscheinlich beim Puzzeln hätte. Was ich damals noch nicht wusste: Ich liebte die deutsche Sprache und war glücklich, wenn ich in irgendeiner Weise mit ihr umgehen konnte.

Wen wundert es da, wenn Aufsätze für mich der Himmel waren! Einen Aufsatz zu schreiben war mir nie lästig, egal, ob es um mein „schönstes Ferienerlebnis", also ein reales Geschehnis, oder um eine Phantasiegeschichte ging.

Warum das so war, wusste ich zu dieser Zeit nicht, aber heute weiß ich, dass es mich von klein auf fasziniert hat, mir eine ganz eigene Welt zu schaffen und mich schreibend in ihr aufzuhalten, Neues hinzuzufügen und dabei meinen eigenen Kosmos zu erschaffen.

Es muss zu Beginn des Jahres 1956 gewesen sein, kurz bevor die Versetzung in die Quinta stattfinden sollte. Wir schrieben, wie das so ist, vor den Zeugnissen noch eine schriftliche Kontrolle, die für die Notengebung entscheidend war. Für mich war nicht diese „Feststellungsprüfung", wie das heute heißt, wichtig, sondern die Tatsache, dass ich einen Aufsatz schreiben sollte, für den wir lange geübt hatten.

Aufgabe war es, aus drei Begriffen eine Geschichte zu machen, die „schön" und „spannend" erzählt, dazu logisch und phantasiereich war. Das hatten wir mehrere Male erprobt,

im Unterricht und auch in Hausaufgaben. Jedes Mal war meine Geschichte eine der guten gewesen, die vorgelesen wurde, und anhand derer man „etwas lernen“ konnte.
Wen wundert es, dass ich an dem Morgen, als diese Prüfung erfolgen sollte, wie beschwingt über die Hohenzollernbrücke hüpfte. Ich redete ununterbrochen auf meine Freundin ein, merkte aber schließlich, dass diese völlig verstummt war. Dies war mir zunächst nicht aufgefallen, da Annemie immer die Stillere war, die eher zuhörte als selbst redete. Heute aber sagte sie gar nichts, was mir allerdings erst auf der Kölner Seite der Brücke auffiel.
„Was ist los?“
Schweigen.
„Sag was!“
Schweigen.
Endlich, als wir schon auf der Johannisstraße in unmittelbarer Nähe der Schule waren, gestand sie mir leise: „Ich hab Schiss.“
Ja, sie hatte Angst vor Aufsätzen, weil ihr, wie sie sagte, „nie was einfiel“. Ihre Stärken lagen eher auf naturwissenschaftlichem Gebiet, ein Erbe des Apotheker-Vaters.
„Du machst das“, versuchte ich zu beruhigen, ehe wir uns dann in der ersten Stunde ans Werk machen mussten.
Welche drei Begriffe uns Fräulein Zuppke gegeben hat, weiß ich nicht mehr. Ich weiß nur noch, dass sich in meinem Kopf ein Geschehen gebildet hatte, eigentlich ehe ich die Wörter gelesen hatte.
Wie besessen schrieb ich los.
Meine Geschichte spielte an der Nordsee. Dort war ich bis dahin nie gewesen, doch ich stellte mir tosendes Wasser,

schäumende Wellen und Brecher gegen die Kaimauer vor. Böses Wetter also. Das war in seiner Dramatik nicht zu übertreffen, meinte ich wohl, und dramatisch sollte meine Geschichte ja sein!
Also gab es auch keine alltägliche Heldin, sondern meine Protagonistin trug den Namen Madlon. Es war ja weiß Gott kein geläufiger Name, aber für mich musste er wohl sein. Außergewöhnlich, spektakulär, mitreißend, atemberaubend. So dachte ich wohl als Zehnjährige.
Was meine Madlon an der Nordsee erlebte, weiß ich nicht mehr. Es muss grandios gewesen sein. Anderes hätte nicht zu mir gepasst. Ich weiß nur noch, dass am Ende ein Lichtlein - wohl Kerzenlicht - aus dem Fenster einer kleinen Hütte am Meer fiel. Dann kam der Höhepunkt, der letzte Satz. Und den weiß ich heute, 65 Jahre später, immer noch wörtlich:
"Und die Nordseewellen sangen weiter ihr einsames Lied."
Das war's. Punkt. Heft zu. Abgeben.

Zwei Tage bin ich mit stolz geschwellter Brust, die ja noch überhaupt nicht vorhanden war, durch das Leben gegangen, dann wurde ich unsicher. Ob etwa ...? War das nicht ...? Der letzte Satz begann, mir im Magen zu liegen. Plötzlich fand ich ihn nicht mehr berauschend, sondern eher ... peinlich. Ja, peinlich, das ist das richtige Wort. Ich fand, ich hatte mich sprachlich vergaloppiert. Nur weil ich die Worte so schön gefunden hatte, waren sie der Schlusssatz meiner Arbeit geworden. Ganz unabhängig davon, ob sie zu der Geschichte passten oder nicht.

Von der Schönheit des Satzes, wie ich sie beim Schreiben gefühlt hatte, war ich der Künstlichkeit, dem Gewollt-Sein auf die Spur gekommen. Das ließ mich grausen. Grausen vor mir und diesen wunderschönen acht Worten, wie ich sie beim Schreiben empfunden hatte.

Zum ersten Mal in meinem Leben fürchtete ich den Tag der Aufsatzrückgabe, fieberte ihm nicht wie sonst entgegen.
Als Fräulein Zuppke mit unseren Heften den Klassenraum betrat, traute ich mich nicht, sie anzuschauen. Mein „Guten Morgen, Fräulein Zuppke" presste ich hervor, ehe ich mich auf meinen Stuhl fallen ließ und auf die Tischplatte starrte. Wäre doch nur schon alles vorüber, hätte ich es hinter mir! Aber zunächst musste ich die Besprechung der Aufgabe ertragen. Was wir wie hatten machen sollen wurde erläutert, groß und breit.
Ich wurde immer kleiner in meiner Bank, wusste nicht, wie ich mich verhalten sollte, wäre am liebsten geflohen.
Dann kam der Augenblick, in dem die Aufsätze zurückgegeben wurden, einer nach dem anderen. Die Spannung war kaum zu ertragen, der Verriss stand unmittelbar bevor. Dass Annemie neben mir in der Bank glücklich über das „Befriedigend" seufzte, das unter ihrer Arbeit stand, habe ich gar nicht mitbekommen.
Nur meine Angst war gegenwärtig, meine Scham und diese Peinlichkeit ..., diese ungeheure Peinlichkeit.
Endlich: „Renate!"
Ich wagte nicht aufzublicken.
„Renate", hörte ich noch einmal.

„Ja", stieß ich hervor, lugte von unten nach oben, sah Fräulein Zuppke vor mir stehen. „Ja", wiederholte ich.
„Schöne Arbeit", hörte ich da, „gut erzählt und sehr phantasievoll."
Was? Ich konnte es nicht fassen. Sie schimpfte nicht mit mir, wie ich es erwartet hatte.
„Aber", folgte dann, „den letzten Satz vergessen wir, oder?"
Hatte ich da ein Lächeln gehört? Ich blickte sie nun voll an, sah, dass sie ihr Gesicht zum Lachen verzogen hatte und mir mein Heft reichte.
Den letzten Satz vergessen wir mal! Steine hätte man poltern hören können.
„Gut" stand unter meiner Madlon-Geschichte, damals die Bestnote, sehr gut gab es eigentlich nicht.
Ich habe diesen letzten Satz nie vergessen, mein ganzes Leben nicht. Dafür hatte ich seine Peinlichkeit zu sehr gespürt!

Freundlichkeit

„Dass das weiche Wasser in Bewegung mit der Zeit den mächtgen Stein besiegt …" *(Brecht)*

Da geht sie mit ihrem alten blinden Hund, bleibt jetzt stehen, um mit einer Freundin zu sprechen, nimmt den Hund auf den Arm, sieht ihn und lächelt ihm zu, wie nur sie lächeln kann, während sie mit der anderen plaudert, gutgelaunt, fröhlich.
Langsam geht er auf sie zu, schiebt sich fast zu ihr hin mit eckigen ruckartigen Bewegungen, die Unlust ausdrücken, Aggression, Ressentiment. Als sie aufblickt, den Hund auf dem Arm, steht er bereits vor ihr, aufgebaut, bereit zu dem, was er schon lange einmal sagen wollte, was einfach gesagt werden muss.
Sie schaut ihn an, offen.
Da greift er an, stößt zu mit Worten und Stimme.
„Warum ist das Efeu weg? Ist das Ihre Mauer? Dürfen Sie das eigentlich? Dürfen Sie das?", wiederholt er laut und hart, herausfordernd. Ihr wird das Lächeln schon vergehen, dieses verdammt Lächeln.
Aber nein, sie lächelt weiter, sanft blicken ihre Augen, als sie ihm erklärt, dass das Efeu die Mauer zerstört habe.
„Ist das Ihre Mauer?", will er wissen, schiebt das Becken vor und pumpt sich zu seiner gesamten Größe auf, damit er auf sie herabschauen kann. Nun streichelt sie auch noch den Hund, der leise knurrt auf ihrem Arm, diesen Hund, den er noch nie hat leiden können.

Sie bleibt stehen, weicht keinen Deut zurück und bejaht ganz ruhig seine Frage. Ja, es sei ihre Mauer.
Die wird doch wohl der Teufel holen ... sie soll sich endlich aufregen, soll dieses Lächeln abstellen, dieses Lächeln, gegen das er nun heftig anpoltert. „Und überhaupt", schreit er los, erhebt drohend die Hand, um seinem Gebrüll Gewicht zu verleihen, „und überhaupt", es sei eine Unverschämtheit, ihr Mann habe ... Alles, was jemals an Unrecht geschehen war, wird nun aus der Tiefe der Wut hervorgeholt und ihr entgegengeschleudert: „Ihr Mann, der hat Bauschutt in meine Mülltonne ..."
Nun wird sie doch reagieren, jetzt kann sie doch gar nicht mehr anders.
Sie jedoch lächelt ihn nun bedauernd an und bestätigt ihm, dass das „nicht nett" von ihrem Mann gewesen sei, das werde sie ihm aber sagen ...
Während sie ihren Hund, der schwer geworden ist, auf den anderen Arm schiebt, hat er neue Munition gefunden, die er nun abschießt. Sie hätte sich über seinen Sohn beschwert, aber ihre Rollladen würden immer laut hoch gezogen, seine Frau könne nicht schlafen.
Als sie ihn sanft darauf aufmerksam macht, dass dies immer erst gegen Mittag geschehe und seine Frau dann doch bei der Arbeit sei, verliert er die Nerven gänzlich, lässt Wortkaskaden auf sie einprasseln, fuchtelt heftig mit den Armen und fordert ihren Widerstand heraus.
Während er sich drohend zu ihr hinabbeugt, schaut sie aufmerksam zu ihm auf, immer noch ihren Hund kraulend, und fragt ihn ganz ruhig: „Was wollen Sie eigentlich von mir? Wollen Sie mit mir streiten?" Kein Hauch von Aggression ist

in ihrer Stimme, nur sanfte Bestimmtheit, er möge ihr antworten.
Ihm verschlägt es die Sprache. Fassungslos tritt er einen Schritt zurück, seine Arme fallen langsam herunter, der Körper wird schlaff und nachgiebig, und er weiß nichts mehr zu sagen.
„Ich möchte nicht mit Ihnen streiten", kommt es nun ganz ruhig von ihr, und sie betrachtet den wolkenlos blauen Himmel. Langsam verwandelt sich ihr Lächeln in ein fröhliches Lachen, dann Gelächter. Während er den Rückzug antritt, sich von ihr abwendet, um zu seiner Haustür zu gehen, ruft sie ihm hinterher: „Schauen Sie mal, alles nass" und zeigt auf ihre schwarze Hose und die Schuhe, „der Hund musste pieseln, ist das nicht witzig?"
Seine Schultern sinken nach vorne, nur mühsam versucht er einen letzten Rest Würde zu retten, als er die Haustüre aufschließt und in der Dunkelheit des Flures verschwindet.

In ihrem einundachtzigsten Jahr

Als sie in ihrem einundachtzigsten Lebensjahr war, starb ihr Mann. Sie hatte ihn lange gepflegt, alle die vielen Jahre, in denen sein Geist sie allmählich immer mehr verlassen hatte. Seine Aggressionen gegen sie waren stark geworden, weil er den Verlust seiner Vernunft nicht hatte ertragen können.

Da musste sie dran glauben, sie. Der nächst stehende Mensch. Sie hatte ihn gepflegt, weil er ihr Mann war und weil sich das so gehörte.

Nun war er gestorben, war von ihr gegangen nach sechzig Jahren Ehe, nun war sie allein.

Bei der Beerdigung hatten alle, die anwesend waren, ihre Augen fasziniert. Neugierig hatten sie geschaut, offen, fast ein wenig erwartungsvoll. Sie hatte ihn zu Grabe tragen lassen, wie es sich gehörte. Getrauert um seinen Verlust hatte sie bereits seit Jahren.

Nun verspürte sie Erleichterung, grenzenlose Erleichterung. Mit einundachtzig Jahren war sie frei, einfach nur frei. Frei von ihrer Rolle als Ehefrau, als Pflegerin, als Prellbock gegen alles und nichts, frei von allen Erwartungen, die auch sie selbst gehabt hatte.

Und sie begann ihr Leben, energisch, zupackend, neugierig. Unglaublich neugierig. So vieles wollte sie noch tun. Freundinnen wollte sie wiedersehen, die er nicht gemocht hatte, Einkaufsbummel machen ohne seine Vorwürfe, es dauere ihm zu lange, spontan Einladungen annehmen, ohne sich vergewissern zu müssen, ob es ihm recht sei. Alles, was sie wollte, wollte sie tun. Bisher hatte sie alles getan, was er gewollt hatte, immer, ohne Widerspruch, so war es üblich. Wer das Geld nach Hause bringt, hat das Sagen, er hat auch das Brüllen, wenn ihm etwas nicht passt. Über sechzig Jahre lang. Ehefrau.

Nun war sie allein. Sie ging durch die Straßen, aufrechten Hauptes, verweilte vor einem Schaufenster, wenn ihr danach war, setzte sich in ein kleines Café, trank ein Kännchen Kaffee und dann noch eine Tasse Kakao, weil sie Lust darauf hatte.

Sie hatte sich zwar auch schwarze Kleidung für die Beerdigung gekauft, aber die legte sie nach einer Woche ab, mit ein wenig schlechtem Gewissen zunächst, aber dann immer selbstverständlicher.

Sie kaufte sich ein neue Strickjacke, einen Pullover mit Längsstreifen, die er unmöglich gefunden hätte, und einen Glockenrock. Den hatte sie so lange schon haben wollen, aber: „Dafür bist du zu alt", hatte er nur geknurrt.

Nun kaufte sie ihn. Der feschen Kappe, die man schräg auf dem Kopf trug, konnte sie schon überhaupt nicht widerstehen.

Mit all diesen neuen Sachen mochte sie nicht zuhause bleiben, es trieb sie unter Menschen, nachdem sie jahrelang nur immer mit ihrem Mann zusammen gewesen war, nur mit ihm gesprochen und manchmal auch gelacht hatte. Nun knüpfte sie Kontakte, wo immer sie war: in Geschäften, auf der Post, auf der Straße oder im Café. Sogar in ein Restaurant traute sie sich eines Mittags, als sie unterwegs war und keine Lust zum Kochen hatte. Selten hatte ihr etwas so gut geschmeckt wie der Leberkäse mit Spiegelei, den sie dort

andächtig verzehrte, nachdem sie ihre anfängliche Befangenheit überwunden hatte.
Sie stellte fest, dass die Menschen sie mit ihrer offenen, unbefangenen Art mochten, dass sie sie wiedersehen wollten, und sie hatte plötzlich ganz viele Verabredungen, die nichts mit Arzt oder Massage zu tun hatten wie früher immer.
Als sie das erste Mal mit neuen Bekannten in ein Konzert gegangen war, kam sie sich vor wie in einem neuen Leben. Sie stellte fest, dass sie allein auch wer war – das stellte sie erstmalig fest in ihrem einundachtzigsten Jahre.
Natürlich ging sie auch regelmäßig zum Friedhof ans Grab ihres Mannes. Dort stand sie dann, nachdem sie das Licht angesteckt und die Blumen in der Vase gerichtet hatte. Konnte man da ein verschmitztes Lächeln auf ihrem Gesicht sehen?

Fünfzig Jahre

Das Wetter war herrlich, wirklich herrlich. So hatten sie es sich erhofft, Sonne, Wärme, gute Laune. Alle waren gekommen, die eine Rolle in ihrem Leben gespielt hatten oder noch spielten: die Kinder und Enkel, die Nachbarn, Brüder und Schwestern, Vettern und Kusinen, Freunde.

Heute hatten sich alle in dem weißen Zelt auf der großen Wiese versammelt, um sich mit ihnen zu freuen, dass sie es fünfzig Jahre miteinander geschafft hatten Fünfzig Jahre, eine lange Zeit. Drei Kinder waren geboren, aufgewachsen und selbst Eltern geworden. Ihr blondes und sein einst pechschwarzes Haar nun weiß, auch die Bewegungen waren langsamer, die Zuneigung und Freude aber ungebrochen, auch wenn sie alt geworden waren, beide.

Die Gläser klangen, die Teller waren oftmals gefüllt und wieder geleert worden, Lachen erklang dort, wo man sich die alten Geschichten erzählte: „Weißt du noch ...?"

Die Enkelkinder hatten sich an Klavier und Geige bewährt. Prächtige Kinder waren es, begabt und gut erzogen. Die nächste Generation, die heranwuchs und das Erinnern an sie wach hielt, sie beide, die heute hier gefeiert wurden.

Mädchenhaft trug sie einen Blumenkranz im weißen Haar, hatte immer noch das Lächeln, das ihn vor fünfzig Jahren bezaubert hatte. So hatte er es auch in seiner Rede formuliert. Von den Blumen hatte er gesprochen, dem Lachen, dem Leben und der Treue. Ja, besonders von der Treue, keine Selbstverständlichkeit in fünfzig Jahren. Alle hatten applaudiert, sie hochleben lassen und ihnen zugeprostet. Und sie, sie hatte ihn angestrahlt, immer noch verliebt wie

als junges Mädchen, damals, vor fünfzig Jahren, als sie im weißen Kleid neben ihm zum Altar geschritten war. Alle wussten, sie hatten es geschafft, sie hatten die Probe bestanden, fünfzig gemeinsame Jahre, das war ja schon was. Und dann dieser Mann an ihrer Seite, klug, belesen, witzig, immer für sie und die Familie da. Sie hatte Glück gehabt, großes Glück, genauso hatte sie sich immer ihren fünfzigsten Hochzeitstag vorgestellt, genauso: Lachen, Menschen, gute Laune. So viele Reden waren gehalten worden, launig und ernst, so viele hatten sich bemüht, ihnen diesen Tag unvergesslich zu machen. Gesungen und gesprochen hatten sie, in Vers und Prosa, laut und leise. ANisslles hatte von Liebe und Treue, von Beständigkeit und Dauer gehandelt, von fünfzig Jahren voller Freude und Glück.
Sie schaute hinüber zu ihm, der dort an dem Tisch lehnte und mit einem Freund plauderte. Gut sah er aus, immer noch. Breiter nun, stattlicher, das hatten die Jahre so mit sich gebracht. Nur ihr gehörte er, und darauf war sie stolz. Wer konnte schon von sich behaupten, seit fünfzig Jahren mit einem solch außergewöhnlichen Mann zu leben? Lächelnd wandte sie sich ab, blickte hoch zu dem blauen Himmel, dann zu den Menschen um sie herum und begann erst leise, dann lauter: „Kein schöner Land in dieser Zeit ..."
Den ersten Vers sang sie alleine. Auf ihre Stimme war sie stolz, die war immer noch schön, das wusste sie. Da fielen auch schon andere ein, zunächst die Nachbarn, dann die Kinder und schließlich einige der Freunde. „Wo wir uns finden wohl unter Linden", klang nun der Chor durch den Abend, und sie war glücklich wie selten zuvor.

An dem Tisch, etwas außerhalb ihres Blickwinkels, lehnte er immer noch, der Goldbräutigam, allein nun. Ganz langsam und verstohlen wandte er den Kopf und lächelte ihr unbemerkt zu, die dort hinten im Abendsonnenlicht saß, seine Geliebte seit mehr als dreißig Jahren.

Konfirmation

(aus „Heiter bis feierlich")

Es war ein Maitag wie aus dem Bilderbuch. Von einem wolkenlosen klaren Himmel strahlte die Sonne, nicht zu heiß, überall sprossen die Blumen in den Beeten, und da es lange kalt gewesen war, standen sogar noch die Bäume in voller Blütenpracht da. Es war eben alles so, wie man es an einem solchen Tag erwartete: Konfirmation. Ausnahmsweise war das einmal so, wie man es erwartete. Alles stimmte, einfach alles.

Der Älteste, vierzehn Jahre, trug sein erstes blaues Sakko zu der marinefarbenen Hose, dem weißen Hemd und der dunkelblauen Fliege. Das blonde Haar war frisch geschnitten, wie es sich für einen solchen Tag gehörte, und er bemühte sich sehr, erwachsen auszusehen. Denn das war ja schließlich das Besondere an diesem Tag: Er wurde aufgenommen in die Gemeinschaft der Gemeinde, nun kein Kind mehr, sondern der Reife sehr nahe.

So hatte er sich auch gefühlt, als er mit den anderen, Jungen und Mädchen, am Altar gestanden und erstmalig das Abendmahl empfangen hatte. Da war ihm dann doch ganz plötzlich sehr feierlich geworden. Nicht mehr die Geschenke, die man an einem solchen Tag bekam und für die er die zwei Jahre der Vorbereitung geduldig ertragen hatte, waren das Entscheidende, sondern der Moment, in dem er die Hostie entgegennahm. Dieser Augenblick hatte ihn völlig gefangen genommen.

Das war aber nun vorbei. Der Gottesdienst war beendet worden, die entscheidenden Fotografien vor der Kirche waren gemacht, und die Konfirmationsgesellschaft war nach Hause zurückgekehrt und nahm nun in festlicher Stimmung – und in Erwartung dessen, was kommen würde – im Garten den Sekt, der zu der Feier ebenso gehörte wie das mehrgängige Menu, die Konversation bei Tisch und das spätere Kaffeetrinken. Für ihn war das natürlich auch das quälende Auf-die-Folter-spannen, die Neugier auf den Gabentisch, zu dem er, als sie das Haus betreten hatten, aus dem Augenwinkel geschielt hatte. Sah gut aus!
Er wusste, dass er mit dem Auspacken warten musste. Das hatte die Mutter ihm klar gemacht. Zuerst der Sekt, möglichst im Garten, was heute ja ging. Dann die Suppe und danach die Geschenke! Das war abgesprochen, und daran hielt sich der Konfirmand. Er stand neben seinem Patenonkel im Garten, nippte an dem Apfelsaft im Sektglas und unterhielt sich: „Ja, die Schule läuft gut ..., hab mich eingewöhnt ..., ist ganz easy."
Dass sein jüngerer Bruder, der Elfjährige, sich weggeschlichen hatte – sein Glas mit Mineralwasser stand verlassen auf dem Gartentisch –, hatte niemand bemerkt. Er war heimlich in das Arbeitszimmer mit dem Gabentisch, den die Mutter liebevoll aufgebaut hatte, gegangen und musterte ihn. Sah gut aus, lohnte sich, so 'ne Konfi.

Die Gäste begaben sich nach dem Sektempfang gemessenen Schrittes aus dem Garten an den langen, festlich gedeckten Esstisch, der mit den weißen Leinendecken der Großmutter hergerichtet war. Auf ihnen das beste Geschirr, das mit

dem Goldrand, Blumengestecke und Weingläser. Kein Vergleich mit den Platzdeckchen, den Tontellern und den eckigen Wassergläsern von Ikea, die sonst darauf standen.
Auch das Essen war ein ganz anderes, wie beide Jungen und der Vater begeistert bemerkten. Heute bestimmte nicht die vegetarische Mutter den Speiseplan, sondern das Fest des Ältesten. Der Partyservice hatte Schüsseln mit verschiedenen Gemüsesorten gebracht, dazu Salzkartoffeln, Pommes dauphines und Nudeln, vor allem aber hatte er neben dem obligatorischen Lachs auch Rinderbraten, Hähnchenbrüste mit Obst und Schweinelendchen geliefert, schön angerichtet und lecker duftend, worauf sich alle Gäste freuten.
Lachend und miteinander plaudernd suchte man nach dem Namen auf den liebevoll gestalteten Platzkarten, die der Vierzehnjährige angefertigt hatte, und ließ sich nieder. Er hatte all diejenigen eingeladen, die zu einer solchen Feier wie selbstverständlich gehörten: Großeltern, Oma, Patenonkel und -tante, die Brüder des Vaters mit ihren Frauen, aber auch die Nachbarin, die seinen Weg vor und seit der Geburt begleitet hatte. Da seine Mutter ihn und dann besonders seinen jüngeren Bruder erst sehr spät geboren hatte, handelte es sich also um eine recht betagte Festgesellschaft, die nunmehr genussvoll schweigend die geklärte Rinderbrühe löffelte, die der Älteste noch hinter sich bringen musste, ehe er sich um die Geschenke kümmern durfte. Aber dann war es endlich so weit.
Er musste nicht länger seine gute Erziehung unter Beweis stellen und so tun, als schere ihn der Gabentisch überhaupt nicht, sondern jetzt durfte er schauen, was die Gäste ihm mitgebracht hatten. Unter den Augen des Jüngeren, der

natürlich auch von jedem ein kleines Mitbringsel bekommen hatte, packte der Konfirmand aus: eine neue Uhr, den Gutschein für das Fahrrad, verschiedene Bildbände, sehr repräsentativ, Füller und Kugelschreiber im Set, mit Namen natürlich, ein ledernes Album, die riesige Reisentasche auf Rädern. Ja, Konfirmation war eine tolle Sache. Das dachte auch der Jüngere, der etwas neidvoll auf die Geschenke seines Bruders blickte und seine Taschenbücher und Gummibärchen, die er in eine Ecke gelegt hatte, nicht recht zu würdigen schien.

Zum Hauptgang kehrte die Gesellschaft, die sich vorher im Arbeitszimmer um die Gaben geschart hatte, an den Tisch zurück. Der Konfirmand nahm zufrieden strahlend an dem Kopfende des Tisches Platz und schaufelte sich lächelnd als erster die guten Sachen auf den Teller. Heute war er die Hauptperson, das musste man ausnutzen, bescheiden konnte er morgen wieder sein. Dann war Alltag.
Es war wie immer an solchen Tagen. Die Gespräche lösten sich mehr und mehr von dem Anlass des Festes, man freute sich des Wetters und des guten Essens, und eine Weile lang hörte man eigentlich überhaupt nichts, weil der Partyservice wirklich Erlesenes gebracht hatte.
Dann lockerte der Wein die Zungen aller, die ersten lauten Lacher ertönten, als allmählich die Unterhaltung von launigen Geschichtchen geprägt wurde.
Niemand bemerkte zunächst, dass der Jüngere, Elfjährige, nur zögernd beim Essen zugegriffen hatte. Dann fiel seinem Onkel auf, dass fast das gesamte Fleisch auf dem Teller

liegen geblieben war, und auch Kartoffeln und Gemüse waren nicht aufgegessen worden.
„Hei", lachte er, „ist wohl zu gut für dich. Magste nur Pizza?"
Schweigen.
„Magste das nicht?
„Haste keinen Hunger?"
„Warum iss'te nix?"
„Möchtest du was anderes haben?"
Die Fragen prasselten auf ihn ein.
Plötzlich stand er im Mittelpunkt, dessen Festtag das heute ja überhaupt nicht war. Aber antworten mochte er nicht, sondern er schaute nur unglücklich vor sich hin. Blass war er, sehr blass.
Die Mutter kam nun zu ihm und strich ihm besorgt das dunkle Haar aus der Stirn und richtete die schief hängende Fliege. „Was ist los?"
„Mir ist so schlecht", murmelte er.
„Du bist auch ganz heiß", stellte seine Mutter fest.
„Leg dich erstmal hin, du kannst ja nachher, wenn's dir besser geht, wiederkommen", schlug sein Vater vor.
„Der Nachtisch", stammelte er. Den hatte er nicht vergessen. Auf die dunkle Schokoladenmousse hatte er sich den ganzen Gottesdienst über schon gefreut. So Ungesundes gab es nicht oft bei ihnen zu essen.
„Verwahren wir dir."
Der Junge gab klein bei. Ihm musste es wirklich schlecht gehen. Das konnte man auch sehen, als er schlurfend und mit hängenden Schultern den Raum verließ. Seine Mutter begleitete ihn ins Arbeitszimmer, damit er sich dort auf das Sofa legen konnte.

Die Nachbarin hatte begonnen, die von dem Tisch geräumten Teller in die Küche zu bringen. Der Lärm aus dem Esszimmer drang nur noch verhalten zu ihr, so dass sie erschrak, als sie plötzlich lautes, bitteres Schluchzen des Jungen aus dem Arbeitszimmer vernahm.
Sie hielt beim Aufräumen inne und lauschte. Was hatte er nur? Es war ja schon schlimm genug, dass er am Festtag seines Bruders Fieber bekommen hatte. Aber Weinen? Das war eigentlich nicht seine Sache. Und dann noch dieses heftige Schluchzen! Das kannte sie nicht bei ihm, das hatte sein Stolz bisher nicht zugelassen.
Sie hörte, dass die Mutter ihm eine Frage stellte, die sie aber nicht verstand. Stoßweise rief er darauf, und er hatte völlig vergessen, leise zu sein, damit ihn niemand hören konnte: „Und wenn ich konfirmiert werde, sind die alle schon tot."
Der Anblick von seines Bruders Gabentisch schien ihm den Rest gegeben und seine schlimmsten Befürchtungen geweckt zu haben.
Konfirmation – Tag des Erwachsenwerdens? Oder doch eher nur so etwas wie der Tag der Geschenke? Aber er hatte ja noch drei Jahre Zeit ...

Einschulung

Das Jahr 1951 war ein ganz besonderes für mich, denn ich sollte in die Schule kommen. Im März war ich sechs Jahre alt geworden, und nach Ostern begann für mich der Ernst des Lebens, wie man so schön sagte. Allerdings sollte der viel ernster werden, als wir alle gedacht hatten.
Es stellte sich als unumgänglich heraus, dass meine Großmutter, die mich tagsüber versorgte, dringend und unaufschiebbar zu einer Staroperation ins Krankenhaus musste. Von einem weiteren Aufschub – der ja durch den Krieg und die Jahre danach, in denen man ums nackte Überleben gekämpft hatte, schon außerordentlich lang geworden war – riet der Arzt dringlich ab. Es sollte sofort geschehen, sonst drohte Erblindung!
Schnell war mit Hilfe des Arztes ein Platz im Krankenhaus in Bergisch Gladbach für sie gefunden. Dort waren die Ärzte bekannt für ihre erfolgreichen Augenoperationen.
Doch ein Problem blieb: Was sollte mit „dem Kind" geschehen?
Meine Mutter war als Alleinerziehende dazu gezwungen, Geld für die kleine Familie, die aus drei Frauen bestand – Großmutter, Mutter, Kind – zu verdienen. Es wäre ihr aber wohl auch nie in den Sinn gekommen, zu Hause zu bleiben und mich zu versorgen. In der Firma war sie unentbehrlich. Geld war ja schon in dieser noch so schwierigen Zeit genügend vorhanden, so dass sie für mich, „das Kind", recht leicht einen Aufenthalt in einem Kinderheim in Bergisch Gladbach bezahlten konnte. Dies war ein Privatheim mit gutem Ruf, das ihr Chef ihr empfohlen hatte und zugleich

von Köln-Höhenhaus, wo wir damals wohnten, einigermaßen leicht zu erreichen war. Vom Krankenhaus war es auch nicht allzu fern gelegen.
Also wurden Koffer gepackt: für die Großmutter alle Utensilien, die sie im Krankenhaus benötigen würden. Da die Aufenthaltsdauer bei einer damals noch recht komplizierten Staroperation länger dauern würde und für die Großmutter eine anschließende Zeit der Erholung in der Eifel geplant war, setzte man eine Dauer von sechs Wochen im Kinderheim an.
An dem Morgen, an dem meine Mutter mich dorthin bringen sollte, gelang es ihr kaum, mich von meiner Oma loszureißen. Ich hatte mich fest in ihren Rock gekrallt.
„Nein", habe ich gebrüllt, „nein, ich will nicht ins Heim."
Nur unter Tränen versuchte die Oma alles, meine kleinen Finger aus dem Stoff zu lösen, einzeln. Aber wenn sie einen gelöst hatte, klammerten die anderen nur umso fester.
„Schluss jetzt, Renate", beschied meine Mutter. „Du bist ein großes Mädchen. Die Oma will stolz auf dich sein."
Damit hatte sie wohl das Zauberwort gefunden. Für Oma tat ich alles, die tat ja auch alles für mich!
Also ließ ich mich von meiner Mutter wegführen in das Kinderheim, das für sechs Wochen meine Heimat sein sollte.
Es lag eigentlich wunderschön. Ein großes Haus, das aus Granitsteinen erbaut worden war. Erkerchen und ein Turm gaben ihm etwas Herrschaftliches. Umgeben war es von einem riesigen Garten, der fast ein Park war, in dem wir Kinder genügend Platz für Verstecke und Rumtoben fanden. Innen war alles sehr gepflegt. Ich aber fühlte mich todunglücklich. Ich wollte dort nicht sein, vermisste meine Oma

und rebellierte gegen die Ordnung, indem ich ununterbrochen krank war. Halsweh löste einen heftigen Schnupfen ab, dann kam ein schlimmer Husten, dem sich erneut kräftiges Halsweh anschloss.
Sonntags besuchte mich meine Mutter, die sich sehr besorgt zeigte, dass ihr bisher so gesundes Töchterchen von einer Krankheit in die nächste geriet.
Dabei kam der Tag der Einschulung immer näher, dem ich entgegen fieberte mit zwei anderen Kindern im Heim. Wir sollten gemeinsam in die Volksschule in Bensberg eingeschult werden. Ich würde dann, wenn meine Großmutter wieder zuhause war, die Schule in der Honschaftsstraße besuchen.
Das hatte mir meine Mutter, die mit mir ein Café aufgesucht hatte, gerade erklärt.
„Aber du kommst doch zu meiner Einschulung?"
„Aber klar doch."
„Und du bringst mir meine Tüte mit?" Die Schultüte war wichtiger als alles andere.
„Eine ganz schöne. Die schönste aus der ganzen Klasse. Für mein kluges Mädchen."
Das schmeichelte. „Oh ja, du kommst?"
„Sag ich doch. Ich nehm mir frei in der Firma. Dann machen wir hinterher was ganz Schönes."
„Was?", wollte ich wissen.
„Verrat ich nicht. Aber ich komme."
„Dann versprich es mir. Ganz fest. Du musst mir versprechen, dass du kommst."
So ganz habe ich damals meiner Mutter wohl nicht geglaubt.

„Ja, natürlich.“
„Dann schwöre!“
Sie schwor, pünktlich zur Einschulung anwesend zu sein. Damals habe ich gar nicht bedacht, was es bedeutete, dass sie um 10 Uhr in Bensberg sein wollte. Dafür musst sie in aller Herrgottsfrühe aufstehen, mit der Straßenbahn nach Kalk fahren, dort umsteigen und weiter nach Bensberg. Hier galt es dann, noch ein ganzes Stück zu laufen.

An dem Tag, an dem drei Kinder des Heims zum allerersten Mal in die Schule gehen sollten, war alles sehr aufregend. Zum Frühstück brachte ich kaum etwas runter, war ausgesprochen nervös und überreizt.
Das war mein Tag! Nun wurde ich erwachsen! Raus aus dem Kindergarten, der mir in den letzten Wochen sowieso wie „Pipikram“ vorgekommen war. Lesen und Schreiben lernen, endlich!
Man hatte uns drei, die zum ersten Mal in die Schule gehen sollten, chic gemacht. Über Rock und Pullover zog ich meinen kleinen Trenchcoat und starrte beschwörend die Türe an. Sie musste sich doch auftun! Da war ich ganz sicher. Mutter hatte es versprochen.
Doch die Minuten zerrannen. Nichts geschah. Nach einer Zeit, die mir wie viele Stunden vorkam, drückte man mir und den beiden anderen eine silberne Schultüte in die Hand. Eine war wie die andere, niemand von uns sollte sich bevorzugt oder zurückgesetzt fühlen.
An den ersten Schultag kann ich mich überhaupt nicht erinnern. Im Geiste war ich immer bei der Tür, die nicht aufgegangen war. Sie hatte es doch versprochen! Ich konnte

nicht glauben, dass Mutter zu diesem für mich so wichtigen Tag nicht gekommen war. Nur daran konnte ich denken und tief in mir die Enttäuschung spüren, die immer mehr Besitz von mir ergriff.
Nach der Einschulung ging es zurück zu dem Heim, vor dessen Tür jeder von uns noch einmal fotografiert wurde: in seinen besten Kleidern, die Schultüte im Arm, geradeaus blickend.
Ich aber habe auch davon eigentlich nichts mitbekommen. Starr blicke ich auf dem Bild, die Augenbrauen zusammengezogen, steif wie ein Brett dastehend.
Sie hat es versprochen! Nur das konnte ich denken, nichts anderes hatte Platz in meinem Kopf. Völlig verlassen fühlte ich mich, nein, mehr noch, verraten. Verraten von der Mutter, die doch so feste versprochen hatte, dass sie bei der Einschulung dabei sein würde. Wieder einmal! Wieder einmal hatte sie mich im Stich gelassen …
Ich bemerkte daher nicht, dass die Tür zu dem Heim aufgerissen wurde und eine Frau herausstürzte, zu mir eilte, mir die Schultüte aus der Hand riss und eine andere, viel größer, viel schöner, hereindrückte.
Meine, ganz allein meine Schultüte! Ich aber war mittlerweile in Tränen ausgebrochen, die sich kaum stillen ließen. Zu groß war die Enttäuschung, zu heftig die Beherrschung gewesen, in der ich gelebt hatte. Als meine Mutter mich umarmen wollte, riss ich mich los.
„Hau ab!“, fauchte ich, „fass mich nicht an!“
Lange hat es gedauert, bis ich ruhiger wurde und mich von der Mutter in den Arm nehmen ließ. Erst eine Stunde später, als ich in einem Café vor einem Riesenbecher Kakao saß

und meinen geliebten Apfelkuchen vor mir hatte, konnte ich zuhören, was mir die Mutter erzählte.
Ganz früh am Morgen war sie aufgestanden, viel zu früh, aber sie wollte ja pünktlich sein. Sie hatte es doch versprochen! Mit Bus und Bahn war sie nach Bensberg gefahren, hatte im Eilschritt den langen Fußweg hinter sich gebracht und war zu dem Heim geeilt. Die eigens für mich gepackte Schultüte hatte sie im Arm gehalten und sich mein Gesicht ausgemalt, wie es sein würde, wenn ich die Tüte bekäme.
Pünktlich war sie in dem Heim angekommen, dort von der Leiterin aber sofort abgefangen worden, als sie zu mir eilen wollte.
Diese zog sie in ihr Büro. „Sie können nicht zu Renate!"
„Aber, ..."
Man hatte sie in dem Büro zurückgehalten, „aus pädagogischen Gründen". Die drei Ersttäter sollten gleich gehalten werden. Da die Eltern der beiden anderen Kinder nicht kommen konnten, durfte auch meine Mutter mich vor der Schule nicht sehen, sondern musste versteckt an einem großen Fenster stehen und tränenüberströmt zusehen, wie ihre Tochter an ihr vorbei von der Erzieherin in die Schule gebracht werden.
Sie war da gewesen ... und doch nicht da!
Vergessen habe ich das nie.

Die Haube

(aus „Einfach Leben“)

In der 5. Klasse wechselte ich auf das Gymnasium, eine renommierte Klosterschule in Köln.
Schnell lernten wir, dass nicht alle Nonnen den gleichen gesellschaftlichen Rang bekleideten. Es gab die Mater, und es gab die Schwester. Das war ein Unterschied, kein feiner, sondern ein gewaltiger. Die Matres – aus dem Lateinischen, Mutter bedeutend – waren diejenigen, die studiert hatten und uns unterrichteten. Dagegen waren die Schwestern – hier nur einfach deutsch – diejenigen, die das Leben am Laufen hielten. Die waren für alles Außerunterrichtliche zuständig. Vor den Matres hatten wir zu knicksen – mitunter ein wogender Spießrutenlauf, wenn eine Klasse sich durch die langen Gänge der Schule bewegte. Die Schwestern hatten wir zu respektieren, was immer das auch hieß. Knicksen mussten wir nicht vor ihnen. Gleichheit im Kloster eben: In den sechziger Jahren waren überall manche gleicher als andere.
Dies muss man wissen, wenn man über Schwester Salesia berichtet. Nach Franz von Sales hatte sie sich stolz ihren Klosternamen gegeben. Klein war sie, gerade mal so groß wie ich als Sechstklässlerin, zart und ungeheuer beweglich. Sie führte den Kakaokeller, immer freundlich, immer verantwortungsvoll, immer aus vollem Herzen. Wie der Name sagt, lag er unten, unter den offiziellen Räumen.
Uns Schülerinnen schien sie alle zu kennen, denn wenn man dreimal unten bei ihr gewesen war, sprach sie einen

mit Sicherheit mit Namen an. Das war beeindruckend, das gelang den Matres durchaus nicht immer.
In der sechsten Klasse war ich „für den Kakao" zuständig. Wenn man eine „Aufgabe" hatte, war man stolz darauf und nutzte kräftig alle Privilegien, die diese mit sich brachte. Mein Privileg bestand darin, dass ich immer zwei Minuten vor Stundenschluss die Klasse verlassen durfte, damit ich pünktlich zu Pausenbeginn den Kasten mit den bestellten Milch- und Kakaoflaschen an eine bestimmte Stelle auf dem Schulhof platzieren konnte. Je nach Fach erlaubte ich mir zu entscheiden, wann diese zwei Minuten denn begännen. In Deutsch, Geschichte und Kunst musste ich immer eilen, in Mathe aber nahm ich mir Zeit, da konnten zwei Minuten auch schon einmal fünf oder noch mehr sein.
Wenn ich also eigentlich viel zu früh „bei der Sales" war, hatten wir alle Zeit der Welt, um ein Schwätzchen zu halten. Mit Gewissheit wusste sie viel mehr über mich als beispielsweise „die Ancilla", die entgegen der Bescheidenheit, die aus Ancilla, die Magd, sprach, sehr wohl wusste, dass sie Mater war und man vor ihr knickste. Im Englischunterricht bestand sie, nicht immer geduldig und freundlich, auf einem reinen Oxford „th", vor dem ich am Ende der Stunde oft etwas früh in den Kakaokeller enteilte.
Salesia schien einen Narren an mir gefressen zu haben, warum auch immer. Wahrscheinlich, scheint mir, weil ich sie so gut bediente: mit Geschichten, mit bescheidenem Gesichtsausdruck, mit frommen Sprüchen. Sechstklässler wissen ja nur allzu gut, was von ihnen erwartet wird, um Sympathien zu gewinnen. Sie riechen es quasi. Und nach

Sympathien war ich süchtig, ehe das dann in der Pubertät in heftige Rebellion umschlug.
An jenem Tag, von dem ich berichten will, muss ich sehr früh von meinem Privileg Gebrauch gemacht habe, denn ich erinnere mich, dass ich früh in den Kakaokeller gekommen bin.
„Hallo, Schwester Salesia“, rief ich fröhlich, „ich wollte meinen Kasten abholen. Quinta b.“ Das war meine Klasse.
„Renate, du bist's, schön“, war die gewohnte Rückantwort. Aber dieses Mal war alles anders. Niemand außer uns beiden, der Schwester und mir, war in dem Keller zu sehen. Sie schien auch sicher zu sein, dass in ganz absehbarer Zeit niemand kommen würde. Aufgeregt fasste sie mich am Arm und zog mich hinter die Theke, auf der die Kakaokästen in geordneter Reihenfolge standen: Sexta a am Beginn, Oberprima am Ende.
Zum ersten Mal sah ich, dass hinter der Theke der Raum nicht zu Ende war, sondern sich ihm ein dunkler, niedriger Verschlag anschloss. In diesen zerrte sie mich, die sich, weil sie so schnell überhaupt nicht verstanden hatte, was das sollte, ziehen ließ. Ich weiß, dass ich mit großen Augen gestarrt habe und überlegt, was das denn wohl alles solle. Ehe ich jedoch einen klaren Gedanken fassen konnte, hatte sie sich ihre steife Haube mit dem Schleier, die ihr Gesicht stets einschloss, vom Kopf gerissen und irgendwie schief über meinen Kopf gestülpt. Es musste ja schnell gehen, denn jeden Moment konnte jemand kommen.
„Rück sie gerade“, rief sie mir zu, „ich will sehen, wie sie dir steht!“

Ich bin wohl stocksteif stehengeblieben, erschrocken und unfähig, mich zu rühren. So schnell war das alles passiert, dass ich noch nichts von dem, was geschehen war, verstanden hatte.
Als dann wenige Sekunden später auf der Treppe, die zu dem Keller führte, Schritte zu hören waren, riss mir Schwester Salesia, die zu meiner Verwunderung kurz geschorene graue Haare hatte, die Haube vom Kopf, setzte sie hastig auf, dass am Rand einige wenige Strähnen zu sehen waren, und schubste mich aus dem Verschlag durch den kleinen Raum vor die Theke.
„Hier", japste sie, sichtlich außer Atem, „hier ist dein Kasten", und drückte mir den falschen in die Hände.
Völlig benommen trug ich diesen nach draußen und wunderte mich, dass meine Klassenkameradinnen sich über meine „Schusseligkeit" beschwerten.
Nur dieses eine Mal habe ich den falschen gebracht, denn das ging mir gegen die Ehre. Wenn man eine Aufgabe übernahm, machte man sie richtig.

Die Benommenheit wich den ganzen Tag nicht mehr. Was da im Kakaokeller geschehen war, beschäftigte mich so sehr, dass ich nicht einmal in der geliebten Deutschstunde mitbekommen habe, was wir besprachen. Da hatte die „Sales" mich doch glatt als Nonne sehen wollen. Als Nonne! Dazu hatte ich nun gar keine Ambitionen.
So recht wusste ich damals nicht, ob ich sauer oder vielleicht doch stolz sein sollte, dass ausgerechnet ich ausgewählt worden war.

Nur – zu früh in den Kakaokeller bin ich nie mehr gegangen und habe im kommenden Schuljahr mein Amt abgegeben. Aber da fing ja eh die Pubertät an. Und das ist wieder eine ganz andere Geschichte …

Weihnachten?

Wie ausgestorben lag die Invalidenstraße, wenig beleuchtet und ungewohnt ruhig. Schon ewig lange, so schien ihm, war niemand an seinem Imbiss vorbei gehuscht. Auch eine letzte Glocke, die aus der Ferne geklungen hatte, war verstummt, quasi ein Schlusslicht des feierlichen Geläuts, das die Stadt an diesem Abend erfüllt hatte. Neblig trübe war es, nur in dem großen Bürogebäude schräg gegenüber blinkte rund um die hohe gläserne Eingangstür eine festliche Kette: Kerzenlichter an, Kerzenlichter aus. Hatte der Portier wohl auszuschalten vergessen.
Er sah durch die große Scheibe, wie der Fahrer der M10, der gelben Tram mit dem weißen Dach, vor dem Nordbahnhof vergeblich auf Kundschaft wartete. Niemand wollte zur Warschauer Straße oder sonst wohin. Sie beide waren wohl fast die einzigen, die arbeiten mussten. Es war ein Abend, an dem wenig zu tun war. Nur manchmal verirrten sich vereinzelt Menschen zu ihm. Eigentlich lohnte es sich nicht, an diesem Abend aufzulassen, aber für die, die kamen, war es gut, dass er geöffnet hatte, wenigstens er. Die anderen feierten, alle. Das war der Abend des Jahres, an dem die anderen feierten, nur er hatte noch auf. Für die Einsamen, Übriggebliebenen, Hungrigen.
Lässig lehnte er an der Metalltheke und betrachtete das Innere seines Imbisses. Helles, gleißendes Licht beleuchtete kalt die vier Tische mit hellblauer Plastikplatte, um die sich jeweils vier Stühle gruppierten, dunkelblauer Sitz, Metallbeine. Praktisch, schnell zu reinigen, nicht sehr bequem. Neben ihm stand ein grüner, natürlich künstlicher

Tannenbaum mit blinzelnden Lichtern in Gelb, Rot und Blau. Sekundenartiges Stakkatoblinken. Besser, man sah nicht hin, machte nur nervös. Und alles übertönte die Endlosschleife im Radio: „SüßerdieheiligeNachtzuBethlehemklingelingeling“.
Es war nicht schlimm für ihn, dass er an diesem Abend hier stand. Keine Frau, keine Kinder, kein Christkind. Nur langweilig war es, weil so wenige kamen. Gleich würde er schließen. Er hatte es nicht weit bis zu seiner kleinen Wohnung in der Borsigstraße, Dachgeschoss, schräge Fenster, 20 Quadratmeter. Seins!
Dort endlich nicht mehr „SüßerdieheiligeNachtzuBethlehemklingelingeling“, sondern Rock von dem CD-Player, ehrlicher Rock, den liebte er.

Da öffnete sich die Tür. Er hatte gar nicht bemerkt, dass sich Leute genähert hatten. Zunächst nur ganz vorsichtig, dann wurde sie von einem blonden jungen Mann in einer Barbour Jacke in typischem Grün aufgestoßen, Jeans, dazu ein karierter Schal, lässig um den Hals gewunden. Markenklamotten. Hinter ihm trat ein zweiter ein, dunkelhaarig, ebenfalls jung, ebenfalls gut gekleidet, ebenfalls fremd an diesem Ort. Er hielt die Tür weit auf und sprach nach draußen, so als ermutige er jemanden, doch einzutreten. Er winkte mit der freien Hand, näher zu kommen.
Zögerlich traten dann nacheinander zwei Frauen ein, sichtbar älter als die beiden jungen Männer, die bereits im Lokal standen.
Blass waren beide. Tiefe Furchen hatten sich in das Gesicht der Langhaarigen gegraben. Fahrig strich sie sich die Haare

hinter das Ohr, nestelte an ihrem Schal und blickte dann zu der Kurzhaarigen, die sie am Rücken fasste und vorsichtig in den Raum schob. Unsicher und unschlüssig wirkten sie. Sichtlich unpassend an diesem Ort.
Ihre Mäntel und Jacken hängten alle nach einem kurzen Moment des Zauderns an den zerbeulten Ständer in der Ecke, schmissen sie nicht über die Stühle des Nachbartischs, wie er es gewöhnt war. Unterdes fuhr die Tram kreischend Richtung Bernauer Straße.
Aus dem Radio tönte unverdrossen „SüßerdieheiligeNachtzuBethlehemklingelingeling“.
Die vier schauten einander an, zögernd, unentschlossen, ließen sich dann an einem der Tische langsam nieder.

Als sich nach einer Weile niemand von ihnen erhob, um bei ihm die Bestellung aufzugeben, schlenderte er widerwillig, betont langsam zu dem Tisch, blieb zwei Schritte von ihnen entfernt stehen, steckte die Hände in die eng anliegenden Hosentaschen seiner Jeans und schaute die unerwarteten Gäste fragend an.
„Viermal Pommes mit Currywurst“, sagte der Blonde. „Es ist Weihnachten“, fügte er völlig zusammenhanglos hinzu. Die vier brachen in ein Gelächter aus, das ihm unheimlich war, so wenig fröhlich klang es. Irgendwie gezwungen, bitter, traurig, wenn es das als Gelächter gab.
„Viermal Pommes mit Currywurst“, wiederholte er, „mit allem?“ Fragend blickte er in die Runde, fragend schauten die beiden Frauen erst einander und dann ihn an.
„Ja“, bestätigte der Blonde das für alle vier, ohne es den anderen weiter zu erklären. Auch die Abwehr des

Dunkelhaarigen beachtete er nicht. „Mit allem", wiederholte er kurz und knapp, so als müsse er für alle schnell eine Entscheidung treffen.
Da saßen sie nun, die vier, einsame Gäste an diesem Weihnachtsabend, die mit ihrer Kleidung und ihrem Verhalten so gar nicht hierhin zu gehören schienen. Er sah sie in einem großen festlichen Raum. Die Wachskerzen an dem hohen Baum waren entzündet, im Hintergrund lief leise das Weihnachtsoratorium. Sie saßen vor einem prachtvoll gedeckten Tisch, auf dem sich Kerzenlicht in funkelnden Weingläsern spiegelte. Ganz sicher warteten sie auf Rehbraten oder – besser noch – den gedämpften Karpfen, den es immer zu Weihnachten gab. Zubereitet vom Personal. Später folgte dann die Bescherung, zu der „Es ist ein Ros entsprungen" und „Heidschi Bumbeitschi bum bum" liefen. Zum Ausklang des Abends ließ man sich zur Mette kutschieren. So hätte es sein müssen, dachte er. Nicht in seinem Imbiss ...
Die Langhaarige hatte unterdessen einen Topf mit Christrosen, den sie, wie er erst jetzt bemerkte, die ganze Zeit über im Arm fest gehalten hatte, mitten auf den Tisch gestellt: weiße, voll erblühte Christrosen auf hellblauem Plastik, dazu der blinkende Tannenbaum auf der Theke im gleißenden Licht der Neonröhren, untermalt von „SüßerdieheiligeNachtzuBethlehemklingelingeling".
Er schnitt die Würste, gab vorsichtig Curry darauf, holte die Pommes aus dem Fett und griff dann zu vier Tellern. Heute war Weihnachten, da gab es keine Pappschachteln, da benutzte er die wenigen Teller, die er besaß. Über die Würste goss er die rote Sauce, beileibe nicht zurückhaltend, so dass

sie die Pommes bereits tränkte, ehe er Mayonnaise und Ketchup über sie gab.
Schweigend schauten die vier ihm bei seinen Tätigkeiten zu. Keiner und keine von ihnen sprach, alle blickten in seine Richtung, als wollten sie einander mit ihren Blicken nicht berühren.
Nun stellte er die Teller oben auf die Theke, besann sich aber dann eines Besseren und brachte alles zu dem Tisch, zu den vieren.
Langsam aßen sie die Wurst, die Pommes. Selbst die Sauce, von der er reichlich gegeben hatte, versuchten sie mit den Pommes aufzusaugen. Der Umgang mit Messern und Gabeln war ihnen geläufig, das sah er sofort, sie aßen die Currywurst, als hätten sie den Weihnachtsbraten vor sich, das festliche Gemüse, die feinsten Kartoffeln, ganz aufmerksam und mit kleinen Bissen.
Mitunter sprachen sie miteinander, leise, so dass er sie nicht verstand. Wenige Worte nur schnappte er auf: „Verlust", „allein", „Grab", „früher".
Worte, die nicht zu Weihnachten passten.
Einmal lachten sie auch kurz auf. Anschließend liefen der Langhaarigen ein paar Tränen die Wangen herunter. Betreten schauten die anderen sie an, redeten ganz schnell und aufgeregt auf sie ein. Der Blonde stand auf, zückte sein Portemonnaie und bezahlte hastig. Flugs schlüpften alle in ihre Mäntel und Jacken, verließen dann eilends kurz grüßend den Imbiss.
Die Kurzhaarige der beiden Frauen kam noch einmal zurück und wünschte ihm mit leiser Stimme und traurigem

Blick: „Frohe Weihnachten. Wenigstens für Sie", fügte sie hinzu und war schon draußen.
Der Dunkle hatte den Arm um die Langhaarige gelegt, und die beiden anderen folgten ihnen zögernd.
Er lehnte sich wieder an die Theke, jetzt allerdings gespannt, als er den vieren hinterher schaute. Durch die leichten weißen Flocken, in die der Nieselregen in der Zwischenzeit übergegangen war, sah er, dass seine Gäste in ein großes dunkelblaues Auto einstiegen und davon fuhren. Aber sicher nicht zu einem feierlichen Abendessen wie die anderen alle, die noch unterwegs waren.
Warum die wohl ausgerechnet an diesem Abend eine Currywurst gewollt hatten? Ein Filetsteak hätte besser zu ihnen gepasst, viel besser, Filetsteak an geschmorten Pilzen oder Spargel, grün und weiß.
„Waren das wirklich Lachtränen?", fragte er sich unter dem gleißenden Licht der Neonröhren und bei „SüßerdieheiligeNachtzuBethlehemklingelingeling". Lachtränen an Weihnachten? Hatte er wirklich ‚Grab' gehört, ‚Verlust', ‚allein'?
Die Christrosen standen verlassen auf hellblauem Plastik. Zurückgelassen? Vergessen? Verloren? Für wen waren sie bestimmt gewesen? Ein Grab? An Weihnachten!
Nach Schließung des Imbisses trug er sie in die Borsigstraße, fünf Treppen hoch, ins Dachgeschoss, 20 Quadratmeter, gellender Rock. Mittendrin die vergessenen Christrosen und er.
WEIHNACHTEN.

Was zu sehen ist

(aus: Moderne Weihachten")

Eindeutig ist es zu sehen: Weihnachten.
Der untere Teil eines geschmückten Tannenbaums füllt den rechteren oberen Teil des Bildes aus. Die Kerzen, elektrisch, wie man an dem Widerschein sieht, Lametta, silberne Kugeln und ein Glöckchen zieren die Zweige. Die liebevoll arrangierten Gipsfiguren darunter zeigen Christi Geburt an, wie alle Krippen. Von links ragt ein Stück des Tisches, bedeckt mit einer festlichen weißen Decke, in das Bild. Hinter ihm, ganz am Rand, sieht man die aufgerichtete Gestalt einer Frau, das Gesicht zu dem Fotografen erhoben. Sie trägt ein schwarzes Kleid, hat die Haare zurück gesteckt und scheint nicht mehr ganz jung zu sein. Neben ihr sitzt ein kleines Mädchen, eine große Puppe mit Glubschaugen im Arm. Vier oder fünf Jahre wird das Kind alt sein. Es hat den Kopf gehoben, blickt aufmerksam in den Baum, scheint fasziniert von dem Glanz, der von diesem ausgeht. Hinter dem kleinen Mädchen sieht man das Drittel eines Radioapparates, braun, vorne mit beigem Stoff bezogen, daneben eine Stehlampe. Halb verdeckt von dem Baum kann man noch ein kleines Bild mit Rahmen sehen, das an der Wand hängt. Eine Landschaft wohl.
Eine idyllische Szene. Weihnachten. So wie man es sich vorstellt. So ist es festgehalten auf Zelluloid. So wird es immer typisch für Weihnachten sein. Das sieht man.
Aber ... was sieht man nicht?
Würde man sich weiter umschauen, würde man sehen, dass man in eine winzig kleine Dachkammer blickt. Die

Wohnküche, in der kaum noch ein Herd Platz hat. Das ist alles. Ein weiteres Kämmerchen schließt sich an, eng, mit drei Schlafstätten, bedrohlich nahe nebeneinander. Für die Toilette muss man auf den Flur treten. Sie ist gefährlich nahe an dem steilen Treppenaufgang, der in dieses beengte Dachgeschoss führt.

Dennoch: Sie haben Glück gehabt, diese drei Frauen, die hier Unterschlupf gefunden haben, Großmutter, Mutter und Kind. Denn draußen vegetieren viele, die noch viel weniger Raum haben, umherirren, nicht zur Ruhe kommen können. Sie irren durch Straßen, die von Schmutz verunstaltet sind und an deren beiden Seiten sich Schutt und Abfälle zu großen Haufen aufeinander türmen. Sie haben einen Unterschlupf, diese drei von dem Foto. Die verwitwete Mutter des gefallenen Verlobten hat Mitleid gehabt mit der Frau, deren Mutter und dem kleinen Mädchen, die eines Tages vor der Tür gestanden und um Obdach gebeten haben. Sie hat ihnen widerwillig und unfreundlich das unbewohnte Dachgeschoss gegeben.

Es ist 1949 und die Welt noch sehr in Unordnung. Nur auf dem Bild sieht sie annehmbar aus. Bescheiden zwar, aber sauber und heimelig. Draußen ist es ungeschützt, gefahrvoll, oft lebensbedrohlich. Und kalt ist es dort in diesem strengen Winter, in dem die meisten Menschen keinen Ort haben, an dem sie sich aufwärmen können.

Dass das kleine Mädchen vor kurzem noch auf dem Ring des Küchenherdes gesessen hat, damit es von der Wärme des einzigen Briketts durchwärmt wird, sieht man nicht. Die Großmutter platziert es immer dort, wenn der Frost durch die Wände kriecht und sie in ihrer Kammer

Handschuhe, Mütze, Mantel und Schal tragen müssen, damit sie keine Frostbeulen bekommen. Das Kind weiß nicht um den Ernst der Lage, es hält das alles für ein Spiel und wundert sich über die Tränen der Großmutter.
Aber diese sieht man auch nicht auf dem Foto. Sie sind gerade erst getrocknet, als die Aufnahme gemacht wurde. Denn die stolze ältere Frau, die hier den Betrachter anschaut, ist oft verzweifelt, kann vor Kummer nicht schlafen, hat große Angst vor der Zukunft.
Wie wird es werden? Die Tochter ohne Mann, Mutter einer kleinen Tochter, die keinen Vater hat, der für die Familie sorgt und Geld nach Hause bringt? Auch ihr eigenes Leben ist ungewiss. Unsicher aufgrund der Zeiten, unsicher aber auch, weil ihr das Erblinden droht. Die dicke runde Brille, die sie zu tragen gezwungen ist, hat sie abgesetzt für das Foto. Der Betrachter kann nicht erahnen, dass sie die Fotografin kaum sieht, nur ihre Umrisse vermuten kann. Das schicke schwarze Kleid, das sie zu tragen scheint, ist lange vor dem Krieg genäht worden und recht fadenscheinig. Sie hat es durch alle Bombardements retten können, so dass sie es nun, am Heiligen Abend, anziehen kann, auch wenn es viel zu weit um ihren Körper fällt. Aber das kann man zusammenraffen, dann sieht man es nicht auf dem Foto. Eitel war sie immer, eitel ist sie geblieben.
Sie hat die Verantwortung für dieses Kind übernommen, das vor vier Jahren auf die Welt gekommen ist, weil die Tochter nicht aufgepasst hat. Die hat sich dem Soldaten hingegeben, der ihr nicht gesagt hatte, dass er an eine Verlobte gebunden war. Vier Jahre ist das nun her. So klein ist es noch, das Mädchen, das sie behüten und beschützen soll. Es

ist ja schuldlos an dieser Situation. Also soll es aufwachsen, als sei so alles normal. Als sei es üblich, dass Großmutter, Mutter und Kind eine Familie bilden. Dass es keinen Vater hat, weil dieser einen anderen Frau gehört. Die Tränen, die sie vergießt, soll das Kind nicht mitbekommen, da ist sie vorsichtig.
Davon ist sie überzeugt, dass es ganz heimliche Tränen sind, die sie verstohlen weint. Meint sie.
Aber die Kleine, die so fasziniert auf den Baum schaut, spürt schon seit längerem – seit sie bewusst spüren kann –, dass ihre Welt eine bedrohte ist. Was das ist, was passieren könnte, das weiß sie nicht. Nur dass es so ist. Und niemand sagt ihr etwas. Niemand spricht die Wahrheit aus. Das wäre besser für sie, damit könnte sie umgehen.
Wenn man das Foto ganz genau betrachtet, sieht man, dass sie die Puppe, die sie sicherlich „vom Christkind" bekommen hat, nicht an sich drückt, sie nicht hält, als wolle sie diese behüten. Nein, man hat sie ihr in die Hand gedrückt, damit sie auf dem Bild zur Geltung kommt, die teure Puppe, die nicht so recht in das Darben des Jahres 1949 passt.
Das Geschenk einer Mutter, die oft fern ist, viel arbeitet, um Karriere zu machen, aber auch, damit die drei Frauen leben können. Einer Mutter, die fotografiert, von der es aber kein Bild mit der Tochter gibt.
Noch viel länger könnte man sinnen, was man auf dem Bild nicht sieht. Vielleicht stimmt ja alles nicht, was einem einfällt – vielleicht doch …
Aber es ist eindeutig zu sehen: Es ist Weihnachten.

Auch noch im Jahre 2020 kann jeder das erkennen: Weihnachten. Und die nunmehr 75 jährige Frau, die aus dem kleinen Mädchen geworden ist, schaut auch in diesem Jahr fasziniert in den Weihnachtsbaum. Das bleibt.

In der U7

(aus: „Heiter bis verliebt")

„Rathaus Spandau" steht vorne auf der gelben Bahn, die langsam in den Bahnhof „Hermannplatz" einfährt. Leer ist er um diese Zeit, sehr leer für seine Verhältnisse, wo sich sonst ein buntes Völkergemisch drängt und hastet. Schön hell ist die Station, hellgelb gekachelt, und so licht, das mag er. Langsam kommt die Bahn zum Stehen, und er schiebt sich durch die nun geöffnete Tür ins Innere, wendet sich nach links und freut sich, dass der Platz am hinteren Fenster frei ist. Den nimmt er immer, wenn er kann, das ist die äußerste der blauschwarzen Bänke. Da sitzt man mit dem Rücken nach draußen und kann, wenn man will, rüber in den nächsten Waggon blicken. Man kann es aber auch bleiben lassen.

Mit dem gewohnten Geräusch schließen sich die Türen, nachdem die Lautsprecherstimme verstummt ist, es ruckelt leicht, und die Bahn fährt an. Geradeaus blickt er an die hellgelb gekachelte Wand, die schnell von der Dunkelheit des Tunnels abgelöst wird. Lichter begleiten dort draußen den fahrenden Zug, die beleuchteten Fenster des Wagens huschen an der Mauer des Tunnels vorbei, Leuchtkörper weisen hie und da den Weg.

Das wird jetzt so bis Spandau gehen, denkt er, eine lange Strecke ist das. Die längste, die Berlin überhaupt hat. Aber es ist ja leer im Waggon, und er hat seinen Lieblingsplatz, da lässt sich gut träumen.

Unwillkürlich gleitet sein Blick zu dem Nachbarwagen, mustert die Scheiben mit dem hellen Brandenburger Tor,

verweilt kurz bei dem Handabdruck, den irgendeiner dort hinterlassen hat und ...
Ey, was ist das? In dem anderen Waggon sitzt ja jemand diagonal ihm gegenüber, bemerkt er eher zufällig. Nein, nicht einer, eine! Braune lange Haare hat sie, die nach vorne fallen, ihr bis weit über die Schultern reichen und ihr Gesicht für ihn unsichtbar machen. Völlig unbewegt sitzt sie da, hat den Kopf gesenkt, ganz konzentriert ist sie. Nur Teile ihres Oberkörpers kann er erkennen. Wohin schaut sie nur? Auf ihren Schoß? Auf den Boden? Oder hält sie ein Buch und liest darin?
Und da, was ist das? Konzentrierter blickt er hin. Einen hellbraunen Pullover trägt sie, hochgeschlossen. Ein Rollkragen ist das, über dem sie ... Es ist kaum zu fassen, sie trägt ein Kettchen, ganz brav ein Kettchen! Der Rollkragen sieht aus wie..., ja, das muss was ganz Edles sein. Hat er mal an der Französischen Straße in den Galeries gesehen. Geht er ja sonst nie hin, war nur ein Zufall. Kaschmir, schweineteuer!
Fertig ist sein Bild: Papas Tochter, ganz Papas Tochter. Professor ist der wohl, vielleicht doch eher Bankdirektor? Oder ein bekannter Immobilienhai? Kaschmir ...
Jedoch kann er den Blick nicht von ihr wenden. Durch die beiden verschmutzten Fensterscheiben starrt er in den Waggon vor dem seinigen, zu der anderen Bank. Nun hebt sie die rechte Hand, streicht mit ihr eine Haarsträhne zur Seite, lässt sie wieder sinken, ganz langsam. So wie man es tut, wenn man mit etwas ganz anderem beschäftigt ist, völlig in die eigenen Gedanken verloren. Es rührt ihn fast, wie sie da sitzt. Sieht aus, als hätte sie total vergessen, dass sie

sich in der U7 nach Spandau befindet und sicher bald umsteigen muss. „Übergang“ wird die Stimme des Lautsprechers dann melden, „Übergang zur …“. Sicher irgendetwas, wo es vornehm ist, ruhig, gediegen. Ja, gediegen ist das Wort, das ihm einfällt, als er sie betrachtet. Wird nicht sein „Siemensdamm“ sein, wo er raus muss, weil er mit seiner Mutter in der Siedlung wohnt. Der Bahndurchgang, durch den er immer geht, strotzt von Graffiti und Schmierereien. Charlottenburg, da wohnt sie wohl, Charlottenburg, oder, noch besser, ja, das ist viel besser: Dahlem. In Dahlem ist sie zu Hause, nahe bei der Uni, der westlichen, der ‚feinen‘, wie er denkt. Er studiert lieber im Osten, an der Humboldt! Die sind auch gut in Volkswirtschaft!
Ja, am „Fehrbelliner Platz“ wird sie aussteigen und die U3 nehmen, nach Dahlem Dorf, wo der Zug oberirdisch fährt. Dort geht sie dann an dem kleinen Fachwerk Bahnhof vorbei zu den Villen, wo sicher schon eine Haushälterin darauf wartet, ihr Tee zu reichen …
Er sieht die Szene vor seinen Augen, ganz real. Die Bedienstete mit der weißen Volant-Schürze an der schweren Eichenholztür, die freundliche Begrüßung, das Esszimmer aus Mahagoniholz. Sie lässt sich in ihrem hellbraunen Rollkragenpullover nieder und …
Mittlerweile haben sie den „Mehringdamm“ und die „Möckernbrücke“ passiert, ohne dass er das mitbekommt. So tief ist er in seine Phantasien verloren, so konkret sieht er ihr Leben vor sich. Ganz heiß ist ihm geworden, so dass er seine Hand hebt und sich die Stirn wischt.
Plötzlich hebt sie den Kopf. Sie wendet ihn leicht nach links und schaut ihn an. Geradewegs. Ihn. Schnell möchte er den

Blick von ihr abwenden, aber er kann es nicht, er starrt es weiter wie gebannt an, das Mädchen mit dem hellbraunen Kaschmirpullover, dem Kettchen, den langen glatten Haaren und großen dunklen Augen, wie er nun sieht. Sie blickt ihm ins Gesicht, direkt, unverstellt, eine lange Weile, so, als wolle sie ihn ganz wahrnehmen, und dann, dann ... lächelt sie. Sie lächelt ihn an, ihn!

Sie hat in der U7 gesessen und in ihren Noten gelesen. Immer wieder hat sie die Stelle anschauen müssen, die sie eben in Rudow nicht hinbekommen hat. Zu blöd, aber es war nicht gegangen. Sie weiß noch nicht, woran das gelegen hat. Also versucht sie es rauszubekommen, vergeblich bisher.

Donnerstags fährt sie immer zur Geigenstunde nach Rudow. Die Strecke kennt sie ganz genau, jede einzelne Station. Sie schaut gar nicht mehr auf. Vierzig Stationen sind das von Rudow bis Spandau, wo sie hin muss, von einem Ende der Strecke zum anderen. Sechsundfünfzig Minuten Fahrzeit. Aber ihr Vater, der als Beamter im Rathaus von Spandau arbeitet, meint ja, nur dort sei die beste Geigenlehrerin aller Zeiten. Für seine Tochter ist ihm nichts gut genug, da kratzt er den letzten Cent zusammen. Also macht sie die Fahrt jede Woche einmal. Sie kommt ja auch vorwärts. Das muss sie zugeben.

An der „Möckernbrücke" fühlt sie sich gestört, irgendwie. Wodurch, weiß sie gar nicht, aber irgendetwas hat sie aufgeschreckt. Also hebt sie den Kopf, wendet ihn nach links und schaut durch zwei Fensterscheiben geradewegs in zwei Augen, die sie zu fixieren scheinen. Ihr schräg

gegenüber sitzt auf dem letzten Platz des nächsten Waggons ein Junge. Ein Junge? Oder doch eher ein junger Mann? Schätzen kann sie sein Alter nicht. Aber wie ein Schüler sieht er nicht aus, wie sie blinzelnd bemerkt. Ein wenig kurzsichtig ist sie schon, aber viel zu eitel, um dauernd eine Brille zu tragen. Sie kneift die Augen ein wenig zusammen, um besser sehen zu können. Es lohnt sich! Das war ja ein ..., tatsächlich, ein Irokese, der sie so anstarrt! Ein Iro, nicht zu fassen.
Von der Stirn bis in den Nacken zieht sich ein schmaler Streifen gefärbtes Haar, der wie ein Regenbogen aussieht: grün, gelb, rot. In dieser Reihenfolge. Von unten nach oben. Sie stehen steif in die Höhe, wie ein Schweif. Daran muss er lange gearbeitet haben. Der Rest des Kopfes ist kahl rasiert. Ob der mit Zuckerguss arbeitet? Oder nimmt er Bier? Haarlack gibt es ja wohl auch, aber damit endet auch bereits ihr Wissen. Was er trägt, kann sie so genau nicht sehen, nur dass es ein schwarzes T-Shirt mit so einer weißen Zeichnung ist, das kann sie erkennen.
Als er nun erneut die Hand hebt und sich die Stirn wischt, bemerkt sie, dass er wohl auch tätowiert ist. Aber nur mit schwarzer Farbe, und – wenn man genau hinsieht – es scheint ein Muster zu sein, keltisch? Schön eigentlich ..., nicht so ein blöder Mädchenkopf oder ein Auto oder so.
Irgendwie alternativ ist der, denkt sie und sieht dabei sofort die besetzten Häuser in der Rigaer Straße vor sich. Innerlich geht er vor ihren Augen durch ein vollgestelltes Treppenhaus – Kinderwagen, Körbe, Fahrräder, Kleinmöbel, Taschen – über knarrende alte Holzstufen in den dritten Stock, öffnet dort mit seinem Schlüssel eine knarrende

Wohnungstür und betritt sein winziges Zimmer in der WG. Voll von Postern hängen die Wände, und eine Matratze auf dem Boden dient ihm als ...
Immer noch starrt er zu ihr rüber und sie zu ihm. Beider Augenpaare können sich nicht loslassen, verhaken sich ineinander, sind wie gebannt, einander ganz nahe nun und doch getrennt durch zwei Fenster und die Wände der Waggons. Zwischen „Yorckstraße" und „Kleistpark" rattert die Bahn durch den Tunnel, aber beide nehmen nichts davon wahr, sondern sehen nur die Augen des anderen.
Schlagartig wird ihr diese Situation klar, und sie muss lachen, ihm zu, dem Mann mit dem Iro und der Tätowierung, der ihr gegenüber in einem anderen Wagen sitzt.

Sie lacht, lacht ihn an – und ihr Lachen ist so offen, so herzlich, so natürlich und einladend, dass er gar nicht anders kann. Er muss zurücklachen, mit offenem Mund und blitzenden Zähnen.
So warm ist sein Lachen, so breit, so einnehmend, dass sie alles vergisst: seinen Irokesen, sein labberiges T-Shirt, die Tätowierung. Nur sein Lachen sieht sie, das ihr gehört. So sehr verändert es ihn, macht ihn neu für sie. Nun sieht sie den Mann unter dem Irokesen. Und der ..., der gefällt ihr.
So warm ist ihr Lachen, so liebevoll, so gelöst, dass er gar nicht mehr an das Kettchen und den braven hellbraunen Kaschmir denkt, sondern nur noch das nun strahlende Gesicht sieht, ihm zugewandt. Nur für ihn lacht sie so.

Ganz warm wird ihm ums Herz, das sich kurz zusammenkrampft und dann heftiger schlägt. Das Blut ist ihm in den

Kopf geschossen, und Flammen scheinen ihn erfasst zu haben. Ganz und gar. Ich muss sie kennenlernen, ich muss zu ihr, denkt er und springt im letzten Moment am „Kleistpark“ aus der Bahn, wo sie mittlerweile angehalten hat. Hastig spurtet er zu der nächsten Tür, die sich aber, ehe er sie erreichen kann, geschlossen hat. Und die U7 setzt sich in Bewegung.
Fassungslos blickt er zu dem Gesicht in dem nächsten Wagen, von dem das Lachen nun weicht, das kleiner wird und dann im Tunnel verschwindet. Sie fährt davon, zum „Fehrbelliner Platz“, und er steht am Kleistpark, mitten unter Schöneberg, wo er überhaupt nichts zu suchen hat. Weg ist sie, weg aus seinem Leben, in das sie doch gerade erst getreten ist.
Ungeduldig wartet er auf den nächsten Zug, der bald kommt. Bis zur nächsten Station zermartert er sich das Gehirn, auf welche Weise er sie wohl wiedersehen kann. Nichts fällt ihm ein, überhaupt nichts. Er weiß ja rein gar nichts von ihr, kennt nur ihr Lachen.
„Nächste Station Eisenacher Straße“ sieht er die Leuchtschrift, und schon taucht er in die Helligkeit des Bahnsteigs. Leer ist es auch hier, aber ...
Kann das sein? Hat er Halluzinationen?
Langsam fährt er mit der Bahn auf einen hellbraunen Kaschmirpullover zu, Kettchen, Geigenkasten in der linken Hand. Das ist doch ... Schon fällt er fast aus der Tür, die sich öffnet, der jungen Frau entgegen, die dort auf ihn zu warten scheint.
Lächelnd kommt sie ihm entgegen ...

Mein

„Und da habe ich ..." – er erzählt, er erzählt von der Reise, die er mit ihr im letzten Jahr gemacht hat. In ein fernes Land war es gegangen, in dem die anderen noch nie gewesen waren, die anderen, die um den Tisch versammelt waren und auf ihren Nachtisch starrten. Eis mit heißen Himbeeren, gut. Aber dann: „Und da habe ich ..."

Seit der Suppe geht das so: Zunächst wurde von dem Flug berichtet, schon da hat er mit der Stewardess gescherzt und sie hat ihm ... Aber das Beste war dann doch die Ankunft. Am Flughafen ist der Reiseleiter auf sie zugekommen. Da hat er ihm gleich gezeigt, dass er der Landessprache mächtig ist. Mit genau den richtigen Wörtern hat er ihn begrüßt, da hat der aber gestaunt ... Bei der Vorspeise ist man bereits im Hotel angekommen. Die anderen essen genussvoll, schauen ab und zu einmal auf, lassen sich aber den Appetit nicht verderben, zu lecker ist die Forellenmousse. Das sagt nun auch eine der Hausfrau. „Du, die Forelle ..."

„Ja, Forellen", trompetet er, „Forellen ..."

Schon ist er bei der Geschichte, wie er in dem Gebirgsbach, da haben die anderen aber geguckt, „mit der Hand", ja, applaudiert haben sie ihm. Denn nun ist er bei der Reisegruppe: „Nette Leute, bisschen schlicht, aber ..."

Das ist die Gelegenheit für sie: „Schatz, erzähl doch mal, wie du ..."

„Nee", weist er ab und blickt betont bescheiden in sein Rotweinglas, derweil die anderen sich dem Rinderragout widmen, „nee, das interessiert doch nicht." Obwohl niemand dem widerspricht, hebt er erneut an, während er sich ein

Stück Fleisch mit der Gabel in den Mund steckt, von einer neuen Heldentat zu berichten, in deren Mittelpunkt natürlich er gestanden hat. Wieder einmal hatte die Reisegruppe es nicht fassen können! Spätestens zu diesem Zeitpunkt ist allen klar, dass weder der Reiseleiter noch die Natur noch die Gebäude das Wichtige waren, sondern er, denn ohne ihn wären diese zwei Wochen en route nur das halbe, vielleicht sogar nur das viertel Erlebnis gewesen. Mit seinen Scherzen hat der die Tage gewürzt, über sein Wissen hat selbst der Reiseleiter gestaunt. Das war dem noch nie vorgekommen, nee, wirklich nicht! Die anderen haben aufgehört zu essen und starren ihn an oder an ihm vorbei. Leer ist ihr Blick geworden, wie bei Gesättigten, satt von den Erlebnissen anderer.

Nur sie hängt an seinen Lippen, obwohl sie das alles doch selbst mitbekommen hat. Jedes Wort scheint sie ihm aus dem Mund zu saugen. Ihre Hand liegt auf seiner, fest, zupackend. Wenn er mal einen Moment schweigt, weil er sich die Bohnen in den Mund schieben muss, dann atmet sie ganz aufgeregt, hechelt wie ein Hündchen nach langem Lauf, spitzt dann die Lippen und blickt die anderen triumphierend an, weiß sie doch, was nun kommt, es ist ja nicht das erste Mal, dass er erzählt. Überhaupt: Sie ist doch dabei gewesen! Kaum hat er seinen Bissen heruntergeschluckt, drückt sie seine Hand ganz fest und flötet: „Papi!" – auffordernd, erwartungsvoll.

Mittlerweile haben zwei begonnen, miteinander zu tuscheln und zu lachen, da ertönt ihr wütendes: „Hört zu!" Denn Papi hat erneut das Wort ergriffen und nähert sich, während die Hausfrau den Käse auf den Tisch stellt, dem

Höhepunkt der Reise, dem letzten Abend. Natürlich hat er, obwohl er das doch gar nicht wollte, „aber die anderen haben gedrängt – „Nur du, nur du, du allein kannst das!" – die Abschiedsrede gehalten.
Sie schwenkt seine Hand kurz in die Höhe, zappelt aufgeregt herum und atmet ihm andächtig entgegen, mit hektischen roten Flecken auf den Wangen, während er nun seine Rede wiedergibt, jedes einzelne Wort, gespickt voll mit Zitaten, launigen Scherzchen und viel Bildungswissen – man muss ja schließlich zeigen, was man weiß – na ja, und ein paar Sätze in der Landessprache hat er auch hinzugefügt, zum Erstaunen aller (als ob die nicht gewusst hätten, dass er diese Sprache spricht, das hat er doch jeden Tag unter Beweis gestellt). Ganz am Ende, das war der Höhepunkt, hat er seinen Dank im Namen aller und den Toast in Russisch ausgesprochen, „in Russisch", betont er noch einmal.
In die auf den Käse gerichteten peinlichen Blicke der anderen hinein, stößt sie nun triumphierend hervor: „Und da hab ich gedacht, das ist meiner, ganz meiner!" Sie krallt sich fest in seine Hand.

Ferien

Der Zug hält lange genug in Köln, dass er die drei schweren Koffer, die sie gepackt hat, nacheinander zu ihren im Voraus bestellten Sitzplätzen schleppen kann. Sie, karierte Hose mit Bügelfalten, dazu passende dunkelgrüne Regenjacke, ein Hermèstuch locker darüber geschlungen, ist voraus geeilt, hat den Kopf wie ein hungriges Vögelchen vorwärts gestoßen, dabei alle Nummern gemustert, bis sie an den richtigen angekommen ist.

„Hier! Hier, Franz-Georg, kooomm!“, ruft sie mit so durchdringender Stimme, als sei er drei Bergspitzen von ihr entfernt.

So wuchtet er nun einen Koffer nach dem anderen – jeder passt exakt zum anderen, eine Kofferfamilie in unterschiedlichen Größen – zu dem angewiesenen Platz. Anschließend stemmt er unter dem prüfenden Blick seiner Ehefrau einen nach dem anderen auf die Gepäckablage, hoch über ihm. Dabei rutscht ihm sein blaukariertes Hemd aus der schwarzen Cordhose, so sehr strengt er sich an.

Mittlerweile hat sie aber entdeckt, dass das Kofferfach in der Mitte des Waggons noch nahezu frei ist, nur eine einsame Reisetasche steht dort. „Franz-Georg“, schallt es nun wieder durch den Zug, „Franz-Georg!“ Als dieser nicht sofort reagiert, wird ihre Stimme schriller, während sie die Vokale in die Länge zieht: „Fraaanz-Geee-ooo-rg!“

Dieser reckt die Hände gerade noch hoch zu der Ablage, wendet sich ihr zu und schüttelt leicht, ganz leicht nur, fast unsichtbar, den Kopf, als er versteht, was sie von ihm will. Auf ein nochmaliges "Franz-Georg!", dessen Endgültigkeit

er wohl einzuschätzen weiß, beginnt er zunächst langsam, als wolle er Widerstand leisten, dann aber immer schneller, die drei Koffer wieder nach unten zu wuchten, schnaufend auf dem Boden abzustellen und sie dann einzeln zu dem Fach in der Mitte des Waggons zu schleppen. Immer wieder bleibt er an den Sitzen rechts und links des Ganges hängen. Lächelnd schaut sie ihm zu, wie er sein Werk tut, geht dann zu ihrem Sitzplatz und wartet dort auf ihn, der sich nun mit einem hellblauen Taschentuch den Schweiß abwischt, der ihm in den schütteren grauen Vollbart tropft. Aufseufzend lässt er sich auf seinem Platz - am Fenster, da sitzt er immer, dort zieht es ihr zu sehr - nieder, da ertönt schon wieder das nun allen anderen Reisenden sattsam bekannte "Franz-Georg".
Dieser fährt hoch, schaut sie fragend an, ergreift dann den dunkelgrünen Studiosus-Rucksack und legt ihn auf die Ablage. Aber just in diesem Augenblick fällt ihr ein, dass sie doch die Brotzeit brauchen werden, so dass sie ihn, der sich bereits langsam wieder niederzulassen beginnt, erneut am Arm nach oben zerrt. Rucksack wieder runter, Brotzeit raus, Rucksack wieder nach oben - ein oft geübtes Ritual, wie es scheint.
Fragend blickt er seine Frau an, die ihm, so scheint es, nun endgültig erlaubt, seinen Platz einzunehmen, genau in dem Augenblick, als die dreizehn Minuten, die der Zug Aufenthalt hatte in Köln, vorüber sind. Das leichte Ruckeln beim Anfahren presst ihn in seinen Sitz, das Taschentuch tut erneut sein Werk, seine Frau sinkt neben ihm nieder -
schöne Ferien, Franz-Georg!

Endlich!

Der Himmel hing tief, Regen zog herauf. Es konnte nicht mehr lange dauern, bis er losprasselte. Aber noch verhinderten die Sturmböen die ersten Tropfen. Friedhofswetter, ganz wie sie es sich vorstellte.

Sie stand vor dem Grab, betrachtete das Holzkreuz und ließ ihre Gedanken wandern, ganz frei ließ sie sie wandern. Da lag er nun. Seit drei Wochen lag er dort, am Rande des Städtchens, auf dem Friedhof. Ihr Schwager. Fünfundsiebzig Jahre war er alt geworden, fünfzig Jahre zu lang hatte er gelebt – ihrer Meinung nach. Fünfzig Jahre, in denen er ihrer Schwester das Leben zur Hölle gemacht und seine Kinder früh, allzu früh, aus dem Hause getrieben hatte. Wie im Gefängnis hatte er seine Frau gehalten. Weggehen hatte sie nur gedurft, wenn er mitgegangen war. Nicht mal in den Supermarkt, der auch schon seit Jahrzehnten am Ort existierte, hatte er sie allein gehen lassen. Selbst dorthin war er ihr mit schweren Schritten gefolgt. Immer Misstrauen pur in seinem Gesicht!

Zu ihr hatte die Schwester nie kommen dürfen, obwohl sie doch nur wenige Straßen entfernt im gleichen Städtchen gelebt hatte. Wenn sie sich dann einmal heimlich getroffen hatten – schwierig war das gewesen, sehr schwierig –, musste er immer hintergangen und ausgetrickst werden, ungeplant musste das Treffen aussehen. Nie durfte es also bei ihr geschehen, immer nur irgendwo schnell in einem Café oder – schlimmer noch – an der Käsetheke des Supermarktes. Ja, wenn sie sich heimlich getroffen hatten, blickte

Blanca ängstlich um sich herum, ob sie auch niemand beobachte, immer bereit, die Flucht zu ergreifen. Gehetzt war sie gewesen, wie ein gejagtes Wild, dessen Spur die Jäger bereits hatten. Gleich würde sie gestellt sein!
Wenn er diese Treffen rausbekam, was unglücklicherweise auch einmal geschehen war, weil in der kleinen Stadt ja jeder immer alles sah, dann wurde es noch furchtbarer für ihre Schwester. Sie war sich nicht sicher, ob er Blanca nicht auch geschlagen hatte. Eigentlich glaubte sie fest, dass er das getan hatte, nur zugegeben hatte ihre Schwester das nie, selbst heute nicht, wo er doch mausetot in seinem Grab lag.
Dabei hatte die Schwester doch mittlerweile wieder begonnen, mit ihr zu sprechen. Aber alles konnte sie wohl auch nicht erzählen, vieles war sicher zu schwer.

Sie hatte es damals als Sechzehnjährige überhaupt nicht verstanden, als ihre leuchtende Schwester – schön war sie damals gewesen, wunderschön! – plötzlich mit diesem Kerl aufgetaucht war, grob und ungeschlacht neben der zauberhaften, schlanken Blanca, deren Lebensfreude und Leichtigkeit sie so sehr bewundert hatte, und ihn als Verlobten vorgestellt hatte. Verlobt mit dem da? Blanca! Was war mit ihr geschehen?
Binnen kürzester Zeit waren sie verheiratet gewesen und Blanca eingesperrt in der Ehe, gekettet an diesen Mann. Der Kontakt zwischen den beiden Schwestern, die vorher fast alles gemeinsam gemacht hatten – aus, von heute auf morgen aus!

Fünfzig Jahre lang hatte sie sich immer wieder gefragt, warum die Schwester das getan hatte. Heute wusste sie es. Und es schüttelte sie!
Am Abend der Beerdigung hatte Blanca das erste Mal bei ihr in der Küche gesessen. Beide hatten eine Flasche Wein miteinander geleert, als alle anderen Trauergäste gegangen waren. Bei ihr hatte der Leichenschmaus stattgefunden. Das war leichter, da erinnerte nichts an ihn, rein gar nichts. Nie war er hier gewesen!
Plötzlich hatte die Schwester zu erzählen begonnen, erst langsam und immer wieder stockend, dann wurde sie schneller und immer schneller, als ob es endlich aus ihr raus müsse: wie er sie damals als Achtzehnjährige nach kurzem Plänkeln – sie hatte ja nur einmal ihre Macht erproben wollen! – nach einer Feier betrunken gemacht und dann in seiner Bude, unmittelbar neben dem Schlafzimmer seiner Eltern, vergewaltigt hatte. So beschmutzt hatte sie sich gefühlt, so wertlos, so missbraucht, als sie verstanden hatte, was ihr geschehen war. Weit weg hatte sie laufen wollen, um zu vergessen, auszulöschen, ungeschehen zu machen. Aber das war nicht mehr gegangen. Er hatte sie geschwängert. Ihr erster Sohn war in dieser Nacht gezeugt worden.
Mit den Eltern hatte sie nicht sprechen können, das tat man nicht, hatte man nie getan. Die Scham, diese Scham über das, was ihr widerfahren war, konnte sie nicht kundtun. Nur seinen Eltern hatte sie sich in ihrer Not anvertraut. Die hatten dann den Sohn zur Heirat gezwungen. Es gehörte sich so, dass die beiden heirateten, wenn sie schon miteinander geschlafen hatten und die Frau schwanger war!

Fassungslos hatte sie an diesem Abend Blanca gegenüber gesessen, schweigend, weil Worte nicht helfen konnten und fünfzig Jahre nicht aufhoben. Irgendwann war sie aufgestanden, zu ihr gegangen und hatte sie in die Arme geschlossen, weinend. Sie hatte darum geweint, dass nichts mehr rückgängig gemacht werden konnte, nichts mehr zu ändern war. Ihre schöne lebenslustige Schwester! Fünfzig Jahre ein Schatten ihrer selbst!

Mit achtzehn Jahren war ihr Leben zu Ende gewesen, und niemand hatte gewusst. Die Scham ...

Nun lag er dort, ihr Schwager, für immer. Sie schaute auf, blickte in den grauen Himmel, an dem schnell die Wolken zogen, seufzte, atmete tief durch, wie befreit, bückte sich und griff die mit Wasser gefüllte Gießkanne, die neben ihr stand. Sie hob sie auf und trug sie zu dem Kopfende des Grabes, wo sie sie so schnell und heftig platschend entleerte, dass dort eine große Pfütze entstand.

„Endlich!", stieß sie hervor. „Endlich, da hab ich fünfzig Jahre drauf warten müssen, du Schwein. Fünfzig Jahre lang wollte ich dir einen Eimer Wasser über den Kopf gießen, fünfzig Jahre! Da hast du ihn, endlich", schloss sie triumphierend, drehte sich um, ließ die Gießkanne dort auf dem Grab liegen, wo sie sie entleert hatte, und ging davon, immer schnelleren Schrittes.

So schmeckt der Sommer

(aus „Strandgeflüster ohne Ende")

Es dunkelte bereits, als sie nach gut drei Stunden in den Dünen ankamen.

Voller Elan schmiss Lea ihr Fahrrad in den Sand. Endlich Meer! Der Wind wehte ihr die zerzausten langen Haare mitten ins Gesicht – ihr doch egal! Ohne das Rad abzuschließen, rannte sie direkt hinunter zum Strand. Sie schleuderte ihre Schuhe von sich weg und lief barfuß direkt ins salzige Nass.

„Hey, Lea, warte auf mich! Ich schließe noch schnell ab, man weiß ja nie …"

Kopfschüttelnd sah Marvin Lea hinterher. Wo hatte die nur diese Energie her? Wenn es nach ihm ginge, würden sie jetzt einfach hier im Dünengras sitzen und was essen. Er sieht das Meer doch, warum sollte er direkt hineinlaufen? Lea blieb ihm wie so oft ein absolutes Rätsel …

Plötzlich erklang ein lauter Knall. Keine Ahnung, wo er herkam.

Auch Lea blickte sich um, entdeckte aber nichts. Marvin zuckte mit den Schultern und lief dann auch endlich hinunter zum Strand.

Sie gingen eine Weile beide nebeneinander mit den nackten Füßen durchs Wasser. Außer ihnen war keiner sonst zu sehen.

„So schmeckt der Sommer!" Lea begann zu singen, irgendwie hatte es ihr die alte Langnese-Werbung gerade angetan.

„Ein Eis, ja, das wäre es! Schau mal, da hinten scheint eine Strandbude zu sein! Wer zuerst da ist!“ Damit rannte Marvin lachend los und ließ eine ziemlich verdutzte Lea zurück. Ja, wenn es ums Essen geht, kann er sich bewegen, dachte sie noch, bevor es ihr schwarz vor Augen wurde.
„Hey, Lea, Himbeer oder Zi…?“ Marvin wandte sich zu Lea um – dachte er. Doch dort, wo eben noch die Freundin „Weißt du noch? Weißt du noch?“, geschmettert hatte, war – nichts. Freier Blick auf das sich sanft kräuselnde Meer, ein weißes Segel in der Ferne, der unendliche dunkelblau erscheinende Horizont.
„Lea“, schrie Marvin auf, da sah er auch schon, wie sich – ihm schien es wie Zeitlupe – aus dem dämmernden Nichts zwei Männer auf die Stelle zu bewegten, an der im Sand ein Bündel lag, blau und rot.
Blau und Rot! Lea trug zu ihrem roten T-Shirt eine blaue Hose! Das war … „Lea!“, brüllte er, als sich seine Beine wie von selbst in Bewegung setzten. Noch einmal: „Lea!“
Bevor die beiden Männer bei dem Bündel im Sand angekommen waren, hatte Marvin es erreicht. Dass ihm die Schokolade des Eises über den Arm runter zum Ellenbogen lief, bemerkte er nicht, sondern beugte sich zu der Freundin nieder, die leblos dort lag. Das Eis hatte er achtlos beiseite geschleudert. Er rüttelte sie, keine Reaktion. Schlaff fiel ihr Kopf, den er zu sich empor gezogen hatte, in den Sand zurück, bewegungslos lag sie wie eine überdimensionierte, große, vergessene Puppe. Die Glieder merkwürdig gekrümmt.
„Lea“, flehte er, klopfte ihr auf die Wangen und schaute dann fassungslos den Mann an, der ein Handy ans Ohr hielt

und sprach. „Lea?“, weinte er nun, da er begriff, dass er sie nicht aus ihrer Bewusstlosigkeit holen konnte.
„Der Rettungswagen kommt“, hörte er eine Stimme, verstand aber nicht, was damit gemeint war, sondern versuchte immer weiter, Lea durch Klopfen auf ihre Wangen oder durch Streicheln über die schlaff im Sand liegenden Arme zu sich zu bringen.
Vergeblich.
„Der Rettungswagen kommt sofort“, hörte er erneut.
Nach einer Weile, die ihm wie eine Ewigkeit vorkam, fühlte er sich von zwei Händen vorsichtig von Lea weggezogen.
„Wir kümmern uns um sie, keine Sorge“, vernahm er noch, ehe er sah, dass sich zwei Sanitäter über die im Sand liegende Lea beugten, sie kurz zu untersuchen schienen, dann auf eine Trage legten und zum Rettungswagen brachten.
In kürzester Zeit war der Krankenwagen mit Lea und den Sanitätern verschwunden, nachdem diese kurz deren Personalien aufgenommen und Marvin gesagt hatten, er solle in die Uniklinik Rostock kommen, dort brächten sie sie hin.
Erneut ein lauter Knall, der Marvin, der immer noch geschockt hinter dem verschwundenen Wagen herschaute, zusammenzucken ließ.
„Immer diese Überschallflieger“, schimpfte es neben ihm, „sollen doch die Ostsee in Ruhe lassen.“ Einer der beiden Männer hatte wohl noch neben ihm gestanden.
Der Knall hatte Marvin aus seiner Fassungslosigkeit gerissen. Hastig sicherte er die beiden Räder und nahm den nächsten Bus, der von der Hohen Düne nach Rostock fuhr. Dort eilte er zur Universitätsklinik und fragte sich eilends nach dem OP durch, in dem Lea immer noch behandelt

wurde, obwohl Stunden seit Beginn ihrer Ohnmacht vergangen waren.
Man hatte ihm gesagt, er solle sich in dem kahlen, weiß getünchten Warteraum gedulden, bis jemand ihm Auskunft geben könne, was mit Lea sei. Auch das war seinem Empfinden nach schon wieder Stunden her. Schwer lag die Dunkelheit vor dem einzigen Fenster des Raumes. Ein paar Rohrgeflechtstühle vor der verschlossenen Tür, die zum Schockraum führte, luden nicht gerade zum Verweilen ein. Alles war weiß hier, vorne neben der Tür hing eine große Uhr, deren Zeiger in unendlicher Langsamkeit voranschlich. Kein Bild, kein Plakat, nicht einmal eine Anschlagtafel, mit der man sich hätte ablenken können, nur ein Wasserautomat hinten in der Ecke.
Ruhelos ging Marvin auf und ab. Er konnte es immer noch nicht fassen: So unvermittelt war Lea zusammengebrochen, war der Krankenwagen gekommen und hatte sie mit sich genommen, die eben doch noch so fröhlich neben ihm durch das Wasser gepatscht war. Und nun ...?

Nach einer langen Zeit öffnete sich die Tür und eine blau gewandete Ärztin, deren herabgezogene Maske noch um ihren Hals baumelte, winkte ihn zu sich. Er war zwar kein Angehöriger, aber da niemand aus Leas Familie greifbar war, hatte man sich entschieden, ihm, als ihrem Freund, Auskunft zu erteilen.
Eine schwere Hirnblutung habe zu der Ohnmacht geführt, lebensbedrohlich, man habe operiert, nun gelte es, zunächst einmal die Nacht abzuwarten. Man könne nichts

versprechen. Aber er könne kurz zu ihr in den Vorraum des OP, ehe man sie zur Intensivstation brächte.

Lea, ganz klein auf dem Bett, winzig das Gesicht, fast verschwunden unter den Verbänden, überall Schläuche, die zu piepsenden Apparaten führten. Kein Blick für ihn, Augen geschlossen, in tiefer Ohnmacht befangen.
„Lea“, flehte er, immer wieder: „Lea.“ Mehr gab es nicht zu sagen.
„Sie liegt in künstlichem Koma. Hoffen wir, dass sie bald wach wird. Rufen Sie morgen an.“ Mit diesen Worten schob die Ärztin das Bett in den Aufzug, in dem sie mit Lea verschwand.
Damit war er entlassen. Erst zu Hause bemerkte er die eingetrocknete Schokolade auf seinem Arm.

Am nächsten Morgen die erste gute Nachricht: Lea war aus dem Koma erwacht und sprach auch bereits wieder. Keiner verstand sie, aber sie sprach. Das sei gut, wurde ihm versichert, als er sich auf der Intensivstation zu den Verbänden hinabbeugte und eine Hand suchte, die er festhalten konnte. „Lea, komm zurück!“ Nur diesen einen Satz sprach er, den aber immer wieder.

Lea? Nichts von all dem kam bei ihr an, rein gar nichts. Sie sprach, sie reagierte auch. Wenn Marvin ihre Hand drückte, drückte sie zurück. Wenn er auflachte, konnte es wohl geschehen, dass auch sie lachte. Aber sie wusste nichts davon. Weder von dem Drücken der Hand noch von dem Lachen. Sie reagierte, aber sie tat nichts bewusst.

Sie war in einer Welt dazwischen. Die endgültige Schwelle hatte sie nicht überschritten, davor hatte der geschickte Hirnchirurg sie bewahrt. Aber sie war auch nicht in dem Hier und Jetzt, in dem sich die Schwestern, die Ärzte und auch Marvin befanden. Sie lag da, plapperte mitunter vor sich hin, schlief immer wieder ein, träumte wohl auch, nahm das aber auch nicht wirklich wahr.
„So schmeckt der Sommer" kam ihr in den Sinn, immer erneut: „So schmeckt der Sommer". Aber was dies bedeutete, woher die Zeilen kamen, warum sie ihr unaufhörlich durch den Geist zogen – all das wusste sie nicht.
Sie lag nur da, hielt nichts fest, konnte es gar nicht, aber sie lebte, lebte weiter, hatte immer längere wache Phasen.

Marvin war bei ihr, wann immer er konnte. Er saß an ihrem Bett, half ihr dabei, den Brei mit dem Löffel aufzunehmen, unterstützte sie bei allem, was sie versuchte, vor allem aber sprach er mit ihr. Er erzählte ihr alles, was geschehen war. Als er damit fertig war, erzählte er, was davor gewesen war und davor und dann davor... Mehr konnte er nicht erzählen, länger kannte er sie nicht. Dabei sorgte er sich ununterbrochen um sie. Würde sie ...? Wann könnte sie ...? Wie würde es ...? Mit diesen und vielen anderen Fragen bedrängte er die Ärztin, die Schwestern, sich selbst. Antworten, richtige Antworten, konnten sie ihm nicht geben, ihn nur trösten, aufmuntern, ermutigen, mit Lea zu sprechen. Sie ins Leben zu sprechen. Vielleicht konnte das ja gelingen.

Lea wusste immer noch nichts, als sie die Intensivstation verließ. Sie verstand es nicht einmal, dass sie verlegt wurde. Ihr Geist mochte nicht so schnell genesen, wie ihr Körper es tat, der zuließ, dass sie auf die normale Station gebracht wurde. Ihre Phasen des Wachseins wurden länger. In ihnen sprach sie mit der anderen Patientin, die auf ihrem Zimmer lag, gab Antworten oder sang auch einmal leise vor sich hin: „So schmeckt der Sommer."

Den Erdbeerkuchen, den ihr eine Besucherin mitgebracht hatte, aß sie mit der linken Hand. Die rechte war noch ein wenig lahm. Die Sahne verschmierte sie im Bettzeug. Marvin wollte ihr helfen, verstand nicht, dass eine Schwester es verbot, fügte sich aber.

„So schmeckt der Sommer."

All das geschah, ohne dass Lea es wirklich begriff. Sie handelte automatisch, ließ zu, aber es war, als sei ihr Bewusstsein noch nicht erwacht, immer noch verborgen unter den Binden, die man ihr nach der OP um den Kopf geschlungen hatte.

Mit jedem Tag, der verging und dem Geschehen an der Hohen Düne ein ganz klein wenig von seinem Schrecken nahm, schöpfte Marvin Hoffnung. Lea würde gesund werden. Sie musste es einfach. Man konnte ja sehen, dass es aufwärts ging, auch wenn sie noch eine merkwürdige Sprache hatte. Oft schienen ihr Wörter nicht einzufallen, ganz einfache Wörter wie Bett, Ostsee oder Uni. Dann nahm sie einfach andere dafür, umschrieb, was sie sagen wollte und schien glücklich, wenn man sie verstand. Oder ihre rechte Hand. Die funktionierte auch nicht so, wie sie es vorher getan hatte, sie lahmte. Aber auch das nahm Lea hin, zumindest glaubte er, dass sie es nicht bemerke. So tun, als sei es üblich, wie sie sich verhielt – das war seine Devise. Sie schonen, indem man so tat, als sei ihr Verhalten normal, das war für ihn der Weg.

Nicht aber für Lea! Sie begann, aufmerksam zu werden. Aufmerksam darauf, dass alles anders war. Dass sie im Bett lag, störte sie nicht. Sie fühlte sich beschützt dort. Dass ihr aber Worte nicht einfielen, begann, sie unruhig werden zu lassen. Sie bemerkte, dass sie statt ‚Bett' ‚Kurve siebzehn' sagte, glaubte aber, als Marvin zu verstehen vorgab, er habe nicht wahrgenommen, dass sie einen Ersatz genommen, nicht den richtigen Begriff verwendet hatte, er habe sich täuschen lassen. Er hat nichts gemerkte, dachte sie, und verwendete ihre Energie darauf, alle Leere mit einem anderen Wort zu belegen als dem, das ihr nicht einfiel.
Ihre ersten Gefühle, deren sie sich bewusst wurde, waren die des Triumphes: Ich kann andere täuschen, sie merken nicht, dass etwas nicht mit mir stimmt. Das war ihr wichtig. Ihr Gegenüber sollte nicht ahnen, dass etwas mit ihr nicht in Ordnung war. Sie konnte ihre Schwäche verbergen, das machte sie stolz, tröstete sie ein wenig darüber, dass sie schwach war.

Marvin saß an ihrem Bett, wann immer er konnte. Dass sie von ‚Kurve siebzehn' sprach, erschreckte ihn. Was meinte sie nur? Er musste doch reagieren, musste ihr zeigen, dass alles einwandfrei war mit ihr. Kurve siebzehn? Er zermarterte sich den Kopf, was konnte nur …? Ach ja, es konnte nur ‚Bett' bedeuten, sonst ergab alles andere keinen Sinn. Also gab er vor, sie habe das Richtige gesagt. Überhaupt musste er sich an manches gewöhnen. Lea sah so anders aus. Ihr halblanges Haar, das ihr immer um den Kopf geflattert war, gab es nicht mehr. Als die Verbände um ihren Kopf herum fielen, blieb dunkles Stoppelhaar, an das er sich gar nicht gewöhnen konnte. Es gab ihr so etwas ... Verwegenes, ja, Verwegenes, als sei sie ein Pirat. Nicht seine geliebte Lea, in deren Haar er seine Finger hatte spielen lassen können, sondern ein fremder Mensch, der den Kopf zurückzog, sobald seine Hände in die Nähe kamen.

Lea fürchtete diese Hände. Sie wollte nicht am Kopf berührt werden. Warum das auf einmal so war, wusste sie nicht. Es war ihr peinlich. Sie schämte sich. Scham – so weit war sie wieder im Hier und Jetzt. Sie konnte sich schämen. Schämen darüber, dass alles anders war. Anders als früher. Das spürte sie genau. Und das wollte sie überspielen. Die anderen sollten es nicht merken. Die sollten glauben, es sei die alte Lea, die hier in diesem Bett lag. Alle Kraft brauchte sie, um den anderen etwas vorzumachen. Nur des Nachts, in ihren Träumen, war sie allem um sich herum hilflos ausgeliefert. Sie irrte durch Gänge, die nicht endeten, sich verzweigten, ins Leere führten, kein Ziel und keine Ordnung hatten. Oder sie befand sich im Inneren eines Computers, und als es ihr gelungen war, diesem zu entfliehen, bemerkte sie, dass um diesen herum nur ein größerer war, den sie ebenfalls verließ, sich dann aber in einem noch größeren gefangen sah und so immer weiter. Es gab keinen Ausweg aus dieser Computeranlage, für immer war sie eingeschlossen in diesem endlosen System. Diese Träume lagen wie eine schwere Last auf ihr, wenn sie erwachte, aber sie sprach nie darüber. Dann hätten die anderen ja bemerkt ...

Marvin kam getreulich an jedem Tag. Die Uni hatte mittlerweile wieder begonnen, aber wenn seine Zeit es erlaubte, war er bei Lea. Oft schlief sie, wenn er kam. Ruhig und tief. Gar nicht mehr der Springinsfeld mit der riesigen Energie, der ihn so fasziniert hatte, ihm zugleich aber auch immer ein Rätsel geblieben war. Er saß dann dort neben ihrem Bett, hielt ihre Hand und ließ seine Gedanken frei. Immer wieder wanderten sie zu jenem Tag, dem letzten, an dem sie ihr Fahrrad achtlos in den Sand geschleudert hatte. Er sah ihr lachendes Gesicht, der Wind hatte ihre langen Haare zerzaust. Sie war zum Strand herunter gerannt, hatte die Schuhe von sich weggeschleudert und war barfuß ins salzige Nass gestürmt.
Nach dieser Lea sehnte er sich, der unbeschwerten, der fröhlichen, der energievollen. Nicht nach dieser Lea, die vor ihm im Bett lag: blass, traumverloren, so fern von ihm. Wann endlich würde es ...? Würde es überhaupt ...? Fragen, die ihm unermüdlich durch den Kopf gingen, von ihm aber weggedrängt wurden, ersetzt durch das Bild der lachenden Lea mit zerzausten Haaren am Ostseestrand. „So schmeckt der Sommer", klang es in ihm. Kann sie jemals wieder ...?

Sie sprachen beide nicht darüber, was sie beschäftigte, auch als es Lea bereits so gut ging, dass sie das hätte formulieren können. Marvin wollte sie nicht bedrängen, ihr seine Phantasien nicht verraten. Lea hätte diese auch gar nicht ertragen können. Ihr ganzes Sein war ja darauf gerichtet, die anderen nicht merken zu lassen, dass sie versehrt war. Sie tat weiterhin so, als sei alles in Ordnung mit ihr – und Marvin ließ es zu. Das trennte sie voneinander, ohne dass es ihnen bewusst wurde.

Marvin wünschte sich inbrünstig die alte Lea zurück. Was hatten sie nicht alles für Pläne geschmiedet! Nach Neuseeland hatten sie fliegen, ein halbes Jahr mindestens dort bleiben und alles anschauen und erleben wollen. Ganz einfach sollte dieses Leben sein, in der Natur und miteinander. Er, der Ethnologie studierte, hatte mit den Maori leben wollen, wenn sie ihn denn ließen. Lea, die angehende Bibliothekarin, war neugierig auf alles, was das Leben ihr bot. Besonders neugierig aber war sie auf Neuseeland, die Südinsel, die ursprünglichere, ihrer beider Meinung nach.
„Lea, werde bald gesund, damit wir nach Neuseeland kommen." Immer wieder sprach er diesen Satz. Immer, wenn er glaubte, dass sie schlief.

Neuseeland – ganz langsam drang es in ihr Bewusstsein. Neuseeland. Da war doch ... Fassen konnte sie noch nicht ganz, was damit gemeint war, aber ein Zipfelchen des Gedankens hatte sie ergriffen, hielt sie fest. Neuseeland ... Ein Lichtschimmer war dieses Wort, ein ganz kleiner, denn es hatte sich ein tiefer Schatten über sie gesenkt, je mehr sie wahrnahm, je mehr sie verstand. Jeder hätte geglaubt, sie werde nun froh sein, erneut ins Leben zurückzukehren, ihre Kräfte mehr und mehr wiederzugewinnen, nach vorne zu blicken. Gerade das aber konnte sie nicht. Schaute sie nach vorne, schaute sie in Dunkel. Ohne Perspektive schien ihr alles. Warum hatte sie überlebt? Dass sie bereits fast in der jenseitigen Welt gewesen war, hatte sie mittlerweile begriffen, dass ein nahezu unglaubliches Wunder geschehen war. Aber das freute sie nicht, es machte nur Angst, schreckte sie zurück. Ununterbrochen quälte sie der Gedanke, schuldig zu sein. Schuldig, weil gerade sie überlebt hatte. Wozu? Sie suchte einen Sinn dafür, fand ihn nicht.

Als ihr dann gesagt wurde, sie könne nun eine Reha antreten, war sie erleichtert. Dort würde sie nicht mehr nur im Bett liegen, ihren Gefühlen und Gedanken preisgegeben, dort könnte sie aktiv sein, sich betätigen, vielleicht einen Weg zurückfinden. Zurückfinden in ein Leben, von dem sie nicht mehr wusste, warum es da war.
Ein Krankenwagen brachte sie zur Insel Poel, auf der die Rehaklinik unmittelbar am Ostseestrand lag. Sie hatte das Glück, von ihrem Zimmer aus das Meer beobachten zu können, bei Sonne, aber auch bei Regen und Sturm. Allein dies schien ihr Kräfte zurückgebracht zu haben, so dass sie fast begeistert alles an Übungen und Untersuchungen hinter sich brachte, was in den ersten Tagen gehäuft auf sie zukam. Schnell gewöhnte sie sich daran, im Rollstuhl unterwegs zu sein, denn Laufen konnte sie noch nicht wieder. Sie musste es einfach erneut von Grund auf lernen. Sie hatte es vergessen. Eine Selbstverständlichkeit wie Laufen hatte sie vergessen!
Mühsam erschien ihr dies. Den ersten einen Schritt vom Rollstuhl an die Reckstange zu tun, überforderte sie fast, bedurfte all ihres Mutes, den sie aufbringen konnte. Aber sie gewöhnte sich daran.

Als dann am Ende der ersten Woche Marvin sie von Rostock aus besuchte, führte sie ihm stolz vor, wie sicher sie bereits mit ihrem Rollstuhl navigieren konnte, lehnte aber schroff ab, dass er ihr half.
Das verletzte ihn, aber er tat so, als sei alles in Ordnung. Er hatte ihr doch schließlich nur helfen wollen! Er ließ sich jedoch sein Verletzt-Sein nicht anmerken, was dazu führte, dass nichts mehr so selbstverständlich zwischen ihnen war wie früher.
Fast war sie ein wenig erleichtert, als sich die Besuchszeit ihrem Ende zuneigte.

In der zweiten Woche ging alles schon viel leichter für sie, erst recht dann, als sie statt eines Rollstuhls den Rollator benutzen durfte. Mit diesem fühlte sie sich selbstständiger, freier, unabhängiger.
Abends war sie so müde, dass sie, kaum dass sie den Kopf auf ihr Kissen legte, sofort einschlief und erst wieder erwachte, wenn alle um sie herum den Tag begannen. Gottlob hatten die Träume aufgehört.

So verging die Zeit, in der sie manches neu lernen musste, was sie vorher so selbstverständlich beherrscht hatte. Dass es ihr jemals schwer fallen würde, an der Reckstange die Knie zu beugen und sich dann abermals aufzurichten, um erneut in die Knie zu gehen, hätte sie sich niemals vorstellen können. Wieso auch? Noch erstaunlicher war jedoch, dass sie sich darüber freuen konnte, als hätte sie etwas Unglaubliches geleistet.

Zum Denken kam sie eigentlich nicht, dafür waren die Tage zu sehr mit Training gefüllt und erforderten all ihre Kraft, früher Automatisches erneut zu lernen. Schritt für Schritt. Im wahrsten Sinne des Wortes.

Marvin verfolgte diese Entwicklung mit Freude, wenn er am Wochenende zu ihr nach Poel kam. Als er das erste Mal mit ihr bis zum Ostseestrand ging und sie dann nebeneinander im Sand saßen – den Rollator neben sich –, rief er voller Freude: „Lea, bald bist du wieder wie früher!"
Senkte sich da ein Schleier über sie? Entsetzt beobachtete er, wie sich ihre Züge verdüsterten, die Schultern versteiften und der Kopf mit den kurz geschorenen Haaren senkte. Wie früher? Meinte er das wirklich: wie früher? Nie mehr würde das sein, das wusste sie, wie früher konnte es niemals mehr sein. Nicht nach allem, was sie erlebt hatte und noch erlebte.
Früher hieß, mitten im Leben zu stehen, zu wissen, ohne zu denken, was Leben bedeutete. Einfach leben, so war es früher gewesen, unbewusst, selbstverständlich, zweifelsfrei. Sicher war sie gewesen, selbstgewiss. Aber wie das ging, wusste sie nicht mehr. Sicherheit hatte sie keine, die Alte konnte sie also nie mehr werden. Für Marvin nicht, für sich aber auch nicht.
So begann der Abschied, ohne dass die beiden etwas davon ahnten.

Fünf Wochen Reha hatten Lea so weit wieder instand gesetzt, dass sie nun allein den Alltag in Rostock bewältigen sollte. Noch mehr: Sie wollte es. Sie wollte das Leben wieder anpacken, hatte sich aber nicht vorgestellt, wie schwierig das sein würde. All das an Empfinden und Gefühlen, das in den letzten Wochen, in denen sie energisch um das Wiedergewinnen ihrer Kräfte gekämpft hatte, völlig in den Hintergrund getreten war, brach nun mit einer Heftigkeit hervor, auf die sie nicht vorbereitet war. Die Unsicherheit, warum sie in diesem Leben sei, was sie darin solle, fiel wie eine dunkle Wolke über sie. Das Gefühl des Schuldig-Seins, des Unverdienten, des Nutzlosen begleitete sie nun ununterbrochen bei allem, was sie tat oder auch nicht tat. Zur Universität ging sie vorerst nicht, hatte um ein Freisemester gebeten, das ihr natürlich auch gewährt worden war. Der Platz in ihrem Leben, an dem sie sich so ungefragt richtig empfunden hatte, war ihr verloren gegangen, was sie spannungsgeladen, gereizt und missgestimmt werden ließ.

In diesem Dasein hatte auch Marvin keinen Platz, was sie ihn immer wieder spüren ließ.

„Lea …“, dieses Wort und sein gequälter Blick verschlimmerten ihre Situation, denn ihr war ja bewusst, dass sie ihm gegenüber ungerecht war. Aber sie konnte es auch nicht ertragen, ununterbrochen zu spüren, dass er die alte Lea suchte, die, die sie gewesen war und nie wieder sein würde. Wochen vergingen, die für beide schwer zu ertragen waren. So dankbar Lea Marvin einerseits auch war, dass er sich um sie kümmerte, umso unerträglicher wurde ihr die Situation, wusste sie doch, was er erwartete.

Mittlerweile war es November geworden. Als Lea eines Abends im Bett lag, nicht einschlafen konnte, weil dunkle Gedanken sie peinigten, regte sich plötzlich etwas in ihrem

Unbewussten, das sie nicht fassen konnte. Da war doch … Was nur …?
NEUSEELAND – da war es: Neuseeland. Das Wort war ganz klar in ihr, ohne dass sie hätte sagen können, warum und was es bedeutete. Nur: Neuseeland.
Am nächsten Morgen sprang Lea aus erfrischendem Schlaf auf, frühstückte und rannte los. Da war plötzlich ein Ziel, nicht mehr das schleichende Unbehagen, wie man wohl den Tag herumbekommen könne. Sie lief mit beschwingtem Schritt die Häuserblöcke entlang, die sie von der nächsten Buchhandlung trennten, riss die Tür auf und rief der Besitzerin des Ladens, die sie kannte, nur ein Wort entgegen: „Neuseeland!" Gleich drei Bücher über Land und Leute ließ sie sich einpacken, weil sie sich nicht für eines entscheiden konnte, eilte nach Hause und griff zu ihnen.
Nun war die Zeit eine erfüllte für Lea. Die Bücher konnte sie nicht aus der Hand legen, bis sie fast auswendig wusste, was in ihnen stand. Immer wieder musste sie die Bilder betrachten und Informationen in sich aufsaugen. Sommer war dort. „So schmeckt der Sommer." Unwillkürlich, ganz unbewusst fiel ihr diese Zeile ein. „So schmeckt der Sommer." Und endlich war alles klar!

„Marvin, ich fliege nach Neuseeland", empfing sie diesen mit glänzenden Augen.
Der schaute nur und entdeckte einen Hauch der alten Lea, als sie vor ihm stand.
„Ja …, aber … Gut", schluckte er sein Erstaunen herunter. „Das …, ja …, wann wollen wir fliegen?", fuhr er nun mit festerer Stimme fort, als er sich ein wenig gefangen hatte.

„I c h fliege nach Neuseeland“, kam zurück. „Ich, Marvin!“

Das Gespräch, das nun folgte, war eines der schwierigsten, das Lea je geführt hatte. Aber sie wusste, es musste sein, und sie konnte es, auch wenn es ihr schwer fiel.
„Ich brauche das für mich. Für mich ganz allein“, wiederholte sie mehrfach, weil Marvin nicht einsehen wollte, dass aus den gemeinsamen Phantasien ein einsamer Plan geworden war.
Lea musste ihre Umwelt verlassen. Nur so, wusste sie, konnte sie wieder Lea werden. Eine Lea, von der sie noch nicht sagen konnte, wie diese sein würde. Eine Lea, die einen Sinn für ihr geschenktes Leben sehen konnte und zugleich das Erlebte nie vergessen wollte. Das gehörte zu ihr, wie auch das Neue zu ihr gehören würde, das sie aus Neuseeland mitbringen würde.
N E U S E E L A N D. Die Chance des Findens. So sicher war sie.
Schwer war, dass Marvin sie nicht verstand. Marvin, der die alte Lea so geliebt hatte und nun überall suchte. Vergeblich …
„Vielleicht, Marvin, vielleicht finden wir einander ja wieder. Nach Neuseeland.“ Ihr Abschiedswort für Marvin.
„So schön ist der Sommer“, klang es von Platz A in der siebzehnten Reihe, als das Flugzeug die schneebedeckten Alpen überquerte.

Lesung?

„Autoren-Lesung am 25.10.20." So stand es unter dem Plakat, das mir per Mail zugeschickt worden war.
„Würden Sie gerne mitmachen und etwas vortragen?", las ich weiter in der Nachricht an mich unter dem Plakat.
Waaas? Eine Lesung? Jetzt? Zu Coronazeiten?
Weiter konnte ich – leider – nicht denken. Endlich wieder lesen, nur dieses Gefühl war in mir. Seit Februar schon hatte ich nichts mehr aus meinem Buch „Nur ein Leben" vorgetragen. Das war eine lange Zeit, sehr lang. Dabei liebte ich Judith, die Heldin meines Romans, doch so sehr und erst einmal den kleinen Piet und … Ja, liebte, meine Gestalten liebe ich, auch wenn es sie nicht wirklich gibt und ich sie selbst ersonnen habe.
Quatsch, es gibt sie. Ich habe sie schließlich ins Leben geschrieben, und nun sind sie da, lebendig, fassbar, lesbar. Kein Wunder, dass ich schnellstmöglich Kontakt zu der Dame aufnahm, die mir geschrieben hatte. So schnell, dass ich zum Nachdenken eigentlich gar keine Zeit hatte. Oder besser: mir keine nahm.
Auf meine Frage: „Corona?", wurde mir versichert: „Natürlich werden alle Hygienemaßnahmen streng beachtet!"
Gut. Ich hatte zugesagt, ehe mein Bauchgefühl, das im Grunde negativ grummelte, mit mir sprechen konnte. Die Stimme der Frau war mir nicht sympathisch gewesen, ihre Art, sich zu äußern, fragwürdig, zumindest fragwürdig.
Egal, lesen können, in Laar, in einem Literatur-Café, eine Reihe fortsetzen, die bereits in Düsseldorf Erfolg gehabt hatte. Zu dritt würden wir sein. Was wollte ich mehr? Man

muss sich auch nicht alles kaputt denken! So schob ich mein Unbehagen beiseite, das sich in der kommenden Zeit, in der ich ungewöhnlich lange nichts mehr von der Unternehmung hörte, verstärkte.

Wenn ich daran dachte, dass ich eigentlich nichts Genaueres wusste, nur meinem Wunschdenken erlaubt hatte, sich zu äußern, dann hätte ich eigentlich ..., aber ich hab nicht!

Meine Vorstellungen waren hoch: Literatur-Café, toll, kuschelig, aufmerksame Zuhörerinnen – Männer waren ja eher selten bei solchen Veranstaltungen –, der richtige Rahmen. In Laar. Dort? Kannte ich nicht. Nie von gehört. Aber Literatur-Cafés sind ja in. Ich war zwar erstaunt, aber man muss ja nicht schon von allem gehört haben! Überhaupt – mein Gefühl war mit etwas Wunderschönem beschäftigt. Dem Empfinden nämlich, Menschen lesend in meine Welt entführen zu können. Das hatte ich so vermisst.

Längere Zeit hörte ich gar nichts von der Dame, dachte schon, dass alles abgesagt worden sei. Coronazeit. Wer will da schon mit meiner Judith durch Münster oder Köln gehen?

Als ich im Grunde so weit war, von mir aus das Unternehmen zu widerrufen, erhielt ich am Donnerstag vor dem verabredeten Sonntagstermin spät abends einen Anruf jener Dame, die mir mitteilte, ich hätte nun mehr Lesezeit, da ein Teilnehmer abgesprungen sie. Über „abgesprungen" habe ich gar nicht nachgedacht. Motive, Begründungen, Meinungen, nach nichts habe ich gefragt. War nur froh, dass ich eine längere Lesezeit hatte. Etwa 20 Personen würden wohl kommen, wurde mir gesagt.

„Bringen Sie Bücher mit, Sie werden gut verkaufen."

Meine Stimmung stieg wieder.
Am Sonntagmorgen habe ich mich eingelesen. Meine Stimme sollte geschmeidig werden, Sicherheit wollte ich gewinnen, in die Welt eintauchen, in die ich meine Zuhörer führen würde. Das tue ich eigentlich immer, mich sorgsam vorbereiten. Dann nahm ich in Ruhe ein Bad und kleidete mich an: schwarze lange Hose, hübsches weiß-schwarz kariertes Oberteil, nicht zu elegant, aber auch nicht lässig.
Nach Mittag fuhr ich, gut duftend, frühzeitig los, kannte ich doch weder Laar, noch wusste ich, wie lange ich wohl zu dem Café – denn von einem solchen ging ich ja immer noch aus – brauchen würde. Immer noch von Vorfreude erfüllt war ich unterwegs, gut aufgelegt und auch etwas aufgeregt. Das muss sein vor einer solchen Lesung, das gibt die notwendige Spannung, um die Zuhörer in Bann schlagen zu können.
All das verging mir schlagartig, als ich an meinem Ziel angekommen war.
Lese-Café!
Ich sah eine Bretterbude vor mir, ehemals weiß gestrichen, nun eher grau und schmutzig, auch irgendwie aus der Form gekommen. Die Farbe blätterte ab, und der Name des Etablissements war auf ein Brett geschrieben, dessen eine lockere Seite im Wind klappernd hin und her wehte. Schmale braune Tür, ein verwittertes Sprossenfenster, in dem das Plakat prangte, das in meiner Mail gewesen war. Es war das einzige, das dem Ganzen ein wenig Farbe und Leben gab.
Eigentlich hätte ich nun Gas geben und zurückfahren müssen. Aber das ließ wohl mein Gewissen nicht zu. Ich hatte angenommen, und nun musste ich mich stellen. Also parkte

ich das Auto, überquerte entschlossen die Straße und stieß mit einem mehr als mulmigen Gefühl die schmale Tür auf, die sich erstaunlich schnell öffnete. Mehr Pappe als Holz, fuhr es mir durch den Kopf.

Eine mir bekannte Stimme begrüßte mich, eine feste Hand zog mich ins Innere. Was ich sah, ließ mir den Atem stocken. Links von der Tür befand sich ein dunkler Tresen, wie er in jede Ruhrgebietskneipe gehört, zwei Tische waren in dem niedrigen, düsteren Raum verteilt. Corona-Vorsorge! An einem von ihnen saßen zwei Frauen, die mir freudig zuwinkten. Sie waren zu der Lesung gekommen, das war deutlich. Um den Tresen herum verteilten sich etwa sechs Männer, in, wie ich später feststellte, unterschiedlichen Stadien des Biergenusses.

Plötzlich war mein Sinn für Realitäten wieder da. Nein, das hier konnte kein Lese-Café sein, das war nur allzu klar. Dies sagte ich auch sofort unmissverständlich zu der Dame, die sich als Organisatorin herausstellte.

„Hier kann ich nicht lesen."

Dass ich mich nicht sofort verabschiedete lag wohl, wie oben schon erwähnt, an meiner Einsicht, eine Verpflichtung übernommen zu haben. So nach dem Motto: mitgefangen, mitgehangen. Also blieb ich höflich, ließ mich ohne Widerstand auf einen Stuhl setzen und so zur Zuhörerin für die Organisationsdame werden, die sogleich zu losen Blättern griff und zu lesen begann.

Ich vergaß übrigens bisher zu erwähnen, dass ich die einzige war, die Atemmaske trug. Aber das versteht sich eigentlich von selbst. Beides: dass ich Maske trug und dass ich die einzige war.

Von dem, was dann von meiner Mitkämpferin gelesen wurde, habe ich nichts verstanden, schlicht gar nichts. Einmal, weil ich von meiner Umgebung so geschockt war, dass ich wie festgeklebt auf dem Stuhl hockte, zum anderen, weil ich dem Gestotter der Lesenden geistig wirklich nicht folgen konnte. Nach einer Weile wurde ihr von einem der bierseligen Männer am Tresen das Wort entzogen. Kurz und schmerzlos.

„Ich versteh nix. Gar nix."

So weit, so gut. Ging mir ja genauso. Aber dann wurde es heftig.

„Das ist Scheiße, totale Scheiße. Da passiert nix. Alles Quatsch. Grottenschlecht. Ich habe viele Bücher gelesen, aber nie so'n Quatsch. Scheiße, einfach nur Scheiße."

In diesem Ton ging es weiter und weiter. Zwischendurch betonte der Kritiker noch, er sei kein kulturloser Mensch. Das musste gesagt werden, sonst hätten wir noch auf ganz falsche Gedanken kommen können.

Irgendwann hatte sich wohl meine Erstarrung gelöst und dem Mitleid mit der Lesenden neben mir Platz gemacht. Nach einem kurzen Blick auf sie beugte ich mich vor und sagte ganz langsam: „Nichts für ungut" (das sagte ich wirklich!), „aber Sie haben was ganz anderes erwartet."

„Nee, hab ich nicht. Ich bin kein kulturloser Mensch, aber das war Scheiße, konnt' man nix verstehen. Passierte ja nix. Und überhaupt ..."

„Kann es sein, dass Sie so etwas wie einen Krimi wollten? Mit viel Action. Das wollte sie doch gar nicht schreiben. Sie hat ihre Erinnerungen an Siebenbürgen ..." Alles natürlich hinter meiner Maske hervorgesprochen.

„Tun se mal das Ding ab“, wurde ich unterbrochen, „ich seh se ja gar nicht.“
Kurz lüftete ich meine Maske, lächelte, verschanzte mich schnell wieder hinter ihr und wollte weiter begütigen.
„Das ist ...“
„Mach meinen Freund nicht an“, polterte nun der Biertrinker neben meinem Kontrahenten.
„Aber ...“ und „Die macht mich nicht an“, (immerhin!) hörte man gleichzeitig. Nun hatte mich wohl der Ehrgeiz gepackt. Was ich meinte, musste ich doch wohl rüber bringen können, das war schließlich 35 Jahre lang mein Beruf gewesen, und nicht erfolglos!

Mir ist es trotz allen Mühens nicht gelungen, mit meinen ganz sachlichen Argumenten überhaupt einen Zugang zu dem Schimpfenden zu gewinnen. Wie sollte es auch, hatte ich doch viel zu spät erkannt, dass ich durch den Biernebel nicht dringen konnte. Überhaupt: Das wollte ja auch keiner, dass ich was Vernünftiges sagte. Lesen sollte ich erst recht nicht. Das hatte ich nun endlich verstanden.
Lesung in Coronazeit!
Alles, was mir da an Erwartung und Freude durch den Kopf geschossen war, hatte mich blind gemacht, völlig blind. Statt mich gescheit zu informieren und abzuwägen, hatte ich nur geträumt, mir etwas vorgemacht. Endlich wieder lesen zu können – das war das einzige, was ich überhaupt an Gedanken zugelassen hatte. Nun saß ich da, in dieser verfallenen Bude, mitten im Schlamassel. Da musste ich raus!
Lesung in Coronazeit! Nein, keine Lesung in Coronazeit, nicht unter allen Umständen!

Plötzlich war die alte Renate wieder da, die aufstand, ihre Tasche mit den mitgebrachten Büchern – „Die verkaufen Sie!" – schulterte und mit einem freundlichen „Tschüss" die schmale braune Tür hinter sich zuzog.
Ob die Zurückbleibenden nun noch ein Siegesbier oder auch deren zwei oder drei getrunken haben, weiß ich nicht. Ich sah nur noch, wie die Organisatorin durch eine Nebentür das Lokal verließ. Wie auf der Flucht. Ich habe im Auto die Maske abgenommen, tief durchgeatmet und dann losgelacht.
Lesung in Coronazeit – so nicht!

Nie wieder?

(aus: „Heiter bis neblig")

Eigentlich ging sie doch jede Woche mehrmals um diesen See. Fast 7000 Schritt, das war genug, fand sie, um sich fit zu halten. Immer um ihn herum, immer der gleiche Weg. Das war gut so. Alles war vertraut, nichts überraschte. Nichts machte unsicher.

Bis zu diesem Tag! Als sie zuhause losfuhr – es war nur eine kurze Fahrt mit dem Auto –, beschlich sie bereits eine erste Ahnung, dass irgendetwas anders war. Was, das hätte sie nicht sagen können. Es war nur so ein Gefühl. Aber sie wollte sich ja nicht bange machen lassen von ihren Ahnungen. Das hatte sie sich fest geschworen, damals, als nur noch dunkle Vorgefühle ihr Leben bestimmten. Mutmaßungen, die zu Panik wurden, Druck erzeugten, ein normales Leben nahezu unmöglich machten. Also fort mit den trüben Gedanken und auf zum See!

Zügig machte sie die ersten Schritte, als sich plötzlich Dunkel auf sie senkte. Zuerst waren es nur leichte Schwaden, die sie staunen ließen. Wo kamen die denn her? Eben war der Himmel doch noch so klar gewesen? Von so etwas ließ sie sich doch nicht hindern. Weiter, der See wollte umrundet werden!

Aus den Schwaden wurden große Flecken, immer größer, so viele, dass sie sich am Ende zu dichter Dunkelheit zusammenfanden, die sie umgab. Graue Dunkelheit, um genau zu sein. Es war nicht schwarz um sie herum, sondern grau. Das kannte sie nicht. Sie hatte erlebt, wie sich Regenwolken zusammenballten, öffneten und das Nass über sie

schütteten. Das kannte sie. So war das heute nicht. Diffuses Grau umgab sie, durch das sie zunächst noch Baumstämme wie Schemen wahrnehmen konnte. Aber auch die wurden immer fahler, die Konturen schwanden, und es blieb nur dieses indifferente Grau, das sie umgab.
Zurückgehen war keine Option. Einmal, weil sie ja schon ein ganzes Stück gelaufen war, der Rückweg also eigentlich nicht infrage kam. Aber bestimmender war, dass man Angefangenes zu Ende brachte. Das hatte sie immer so gehalten. Also würde sie auch heute keine Ausnahme machen können. Vermutlich war es voran besser als zurück! Außerdem sah es hinter ihr viel schlimmer aus. Undurchdringlich. Unzugänglich.
Rechts von ihr musste der See sein. Wenige Meter nur entfernt, aber völlig unsichtbar. Sie hob die Nase in das Dunkel, das sie umgab, und schnupperte. Ja, sie konnte ihn riechen, schwach nur, aber immerhin. Wenn sie die Ohren spitzte, glaubte sie den Wellenschlag am Ufer zu hören. Das gab ihr Orientierung in dieser Ungewissheit. Dennoch begann sie zu schaudern. Alles war so unbestimmt, leblos, ungeheuerlich. Kein Vogel sang, keine Ente schnatterte wie sonst immer über den See, keine Menschenseele schien unterwegs zu sein, der ihr hätte zulächeln oder ein kurzes Wort mit ihr wechseln können.
Es fiel ihr schwer, nicht einfach stehenzubleiben in dieser schwarzen Suppe rund um sie. Verharren, abwarten, nichts tun. War das das Rezept? Das würde schon vorübergehen, die Dunkelheit würde sich lösen, diese Brühe verschwinden und alles wie früher sein: ein klarer Weg vor ihr, den sie laufen konnte.

Diese Tonlosigkeit, undurchdringlich, klebte an ihr, mehr noch als die Atmosphäre der perfekten Trübung, die sie umgab. Sie gab sich einen Ruck, setzte langsam einen Fuß vor den anderen, bewegte sich vorwärts, aufmerksam, die Sinne aufs Äußerste gespannt. Allmählich fand sie ihren Rhythmus wieder, erhöhte ihre Geschwindigkeit und wagte sich weiter vor in das schwarze Unbekannte. Hier musste sie auf der Höhe der Bänke sein, dachte sie, nahm intuitiv die Kurve nach rechts, die sie nicht sehen, sondern nur ahnen konnte, und lief orientierungslos einen Weg, den sie so gut zu kennen geglaubt hatte. Weiter, immer nur weiter, rief es in ihr. Laufen, nicht denken. Das würde sie lähmen. Instinktiv wusste sie das, niemals hatte das jemand gesagt. Dennoch war sie sicher: Nur Vorwärtsgehen half, Stehenbleiben war Gift!
Also weiter durch das Grauen, das Entsetzen, den Schauder. Die Beklemmung, die sie erfasst hatte, drohte in Panik umzuschlagen, weil sie sich ihrer Hilflosigkeit so sehr bewusst wurde. Aber sie schob sie energisch mit aller inneren Kraft, die sie noch besaß, beiseite, versuchte ein Lied zu summen, das ihr bisher immer wieder die Furcht hatte nehmen können: „Froh zu sein, bedarf es wenig." Wenig, wenig, wenig hämmerte es in ihr im Rhythmus ihrer Schritte, als sie ganz plötzlich etwas durch das absolut Dunkle vernahm. Vernahm sie wirklich etwas? Ein leises Klingen? Wie Gläser, die aneinander schlagen?
Kann nicht sein, beschloss sie, stutzte aber, als sie das Geräusch wieder vernahm, etwas lauter jetzt, so, als sei sie ihm näher gekommen. Die Dunkelheit blieb, der Nebel senkte sich weiter auf sie und nahm ihr jede Sicht. Aber ihre

Ohren! Die hatten einen winzigen Moment der Hoffnung verspürt, auch wenn das wohl nur eine Sinnestäuschung gewesen war.

Die Sinnestäuschung jedoch wiederholte sich. Gläserklirren klang durch die Schwärze, erst nur ganz verhalten, dann etwas lauter. Dazu gesellte sich nun ein leiser Ruf. Ein Ruf? Wohin wollte man sie locken? Wer wollte sie locken? Wozu? Gedanken, die ihr durch den Kopf schossen. Es konnte einfach nicht sein, dass hier in dieser Verlorenheit etwas Menschliches auf sie wartete! Aber ...

Sie wusste nicht, ob sie sich ängstigen sollte oder hoffen durfte. Aber da sie beschlossen hatte, sie würde ihren Weg zu Ende gehen, richtete sie ihre Schritte erneut Richtung Ziel: ihr Auto auf dem Parkplatz.

Dass es heller geworden zu sein schien, war ihr nicht aufgefallen, gefangen wie sie von all dem um sich herum war, das sie nicht verstehen und daher nicht deuten konnte. Plötzlich bemerkte sie jedoch hoch am Himmel über sich einen hellen Fleck, der größer zu werden schien, je weiter sie ging. Aus diesem einen blauen Himmelsstück wurden zwei, dann drei, dann immer mehr. Das Dunkel wich und waberte nur noch in grauen Schleiern um sie herum, die sich auch immer mehr auflösten und ihr den Blick freigaben. Dort stand doch, unweit von ihr, ein großer Tisch, oder? Ein Tisch direkt am Seeufer, weiß gedeckt. Sie näherte sich ihm und sah nun, dass Geschirr mit Rosenranken auf ihm stand, Schüsseln voll mit Obst und Gemüse und Fleisch. Da, es ertönte erneut das Klingen, das sie von so fern wahrzunehmen geglaubt hatte. Ganz nah war es nun, und sie sah, dass junge und alte Menschen in festlicher

Kleidung versammelt waren, Gläser in der Hand hielten, anstießen, lachten und zu tanzen begannen.
„Komm“, hörte sie eine Stimme, „komm zu uns!“
„Der Nebel ist vorbei“, eine andere. „Er hat sich gesenkt, gottlob.“
Als sie sich behutsam dem Tisch näherte, kam ihr eine junge Frau entgegen, die ihr ein gefülltes Glas reichte und mit ihr anstieß.
Verwundert blickte sie diese an. „Worauf trinken wir?“
„Auf die Normalität!“
Auf die Normalität. Der Nebel geschwunden, das Leben begann.
CORONA. Sie konnte sehen.

Erst einmal hui, dann wieder pfui

(aus „Heiter bis stürmisch")

„Aufstehn! Faule Socke …"
„Hmmm."
„Sonne scheint!"
„Waaas?"
Nach drei regnerischen Tagen das Zauberwort. Sonne! Schnell flog die Bettdecke zur Seite, das Kissen zu Eva, und Elisabeth stürzte ins Bad. Dann die Treppe runter, Frühstück richten, essen. So schnell konnte Eva kaum folgen. In kürzester Zeit standen die beiden draußen im Sonnenlicht. Blau war der Himmel, nur kleine weiße Wölkchen ab und zu, warm war es auch schon, obwohl doch erst April. Die beiden hatten sich fast wortlos verständigt, dass heute doch der richtige Tag sei, endlich die Wanderung zu dem Deich zu machen. Immer am Meer lang. Durch kleine Haine, die bis dicht an die Abbruchkante standen, dann wieder lange am flachen Grasrand entlang, bis endlich der Weg abzweigte und durch das Landesinnere zurückführte. So zeigte es zumindest die Karte.

Elisabeth schulterte ihren Rucksack, Eva tat es ihr nach. Sie war die Stillere, Bedächtigere, die meist der Freundin folgte. Diese schritt nun vor sich hin pfeifend rüstig leicht bergan, zum Meeresufer hin. Die Steilküste lockte. Grüne Wiesen, gelber Sand, Meeresblau mit weiß glitzernder Gischt – wie auf der Kitsch-Postkarte sah es aus. Beide hatten das Gefühl, sich zu weiten und dem Licht zu öffnen, das sie umfloss. Endlich wieder …

Lebhaft schwatzend schritten sie nun nebeneinander her. Immer an der Ostseeküste lang. Mal machte die eine auf einen Möwenschwarm aufmerksam, mal die andere auf ein Segel weit hinten im gleißenden Wasser. Dann schwiegen sie beide und schauten nur: weiße Segel auf tiefem Blau, die schäumende Gischt, der gelbe Sand, grüne Wiesen. Schön, einfach nur schön ...

So kamen sie gut voran. Immer geradeaus, den Deich lang, bis es nicht mehr ging. Dann ab ins Landesinnere. So hatte Elisabeth sich den Weg gemerkt. Eva war ein wenig zurück geblieben, stand oben auf einer Klippe.

„Schau", rief sie, „schau einfach nur!"

Auch Elisabeth verharrte nun an einer Stelle hoch oben auf der Steilküste. War das nicht ...?

„Du", rief sie. „Ist das nicht Warnemünde?"

„Wo?"

„Da rechts! Hinter der Kurve."

„Kann ich nicht sehen."

„Am Küstenwäldchen musste vorbei gucken. Da ist ein Turm und ..."

„Ja, das ist Warnemünde", kam der begeisterte Schrei der Freundin.

Nach einer ganzen Weile des Staunens verstummten sie. Jede ging in Gedanken versunken vor sich hin, froh, gemeinsam am Meer und in der Sonne sein zu können. Froh, dieses zu genießen. Des Weges achteten sie kaum noch. Meist verharrten ihre Blicke auf den Wellen, den dicken Steinen am Strand. Faszinierend ...

Wie von einem Riesen dahin geschmissen und vergessen, dachte Elisabeth, während Eva die Auswaschungen betrachtete, die man von oben gut sehen konnte. Die Buhnen, die den Strand schützten, hatten sie lange hinter sich gelassen. Wie von selbst bewegten sich ihre Füße, automatisch, in der Sonne, am Meer, immer weiter.
In der Sonne?
Eine Veränderung war vorgegangen, das bemerkte Eva plötzlich. Ein Windhauch hatte sie gestreift, nicht einer von den linden, sonnigen, der zuvor ihr Begleiter gewesen war. Nein, schroffer fühlte es sich an, kühler, aufmerksamkeitsheischender. Sie schreckte auf und fuhr zusammen. War das? Ja, während sie in die Weite des Meeres geschaut und an nichts mehr gedacht hatte, war Grau aufgezogen. Nein, nicht eigentlich Grau, sondern richtig schwarze Wolken ballten sich dort vorne zusammen, schauerlich und Angst erregend.
„Elisabeth“, rief sie beunruhigt der Freundin vor ihr zu, die nichts bemerkt zu haben schien. „Elisabeth, der Himmel!“
Diese blickte auf und fuhr zusammen, als sie sich plötzlich, wie von jetzt auf gleich, im Dunkel wiederfand. Eben war doch noch die Sonne da gewesen! Und jetzt – Grau, wohin man blickte. Bedrohlich, Furcht erregend, überhaupt nichts Gutes versprechend.
Schnell drehte sie sich um: „Eva ...“, aber weiter kam sie nicht, da ging es schon los.
Wie aus Kübeln schüttete es nieder. Dicke Tropfen, die beim Auftreffen schmerzten, fielen auf die beiden nieder, die dort völlig ungeschützt auf dem Deich standen. Wind war ebenfalls ganz schnell aufgekommen, wurde zu

heftigem Sturm und peitschte den Regen gegen die Freundinnen, die ungeschützt den Elementen preisgegeben waren.
Es war so dunstig geworden, dass man hier, in unmittelbarer Nähe des Wassers, weder Meer noch Strand sehen konnte. Alles war einheitliches gefahrvolles Grauschwarz. Von jetzt auf gleich, unvermittelt, nicht vorhersehbar.
Nebel, Nebel am Meer! Nur die nächsten Schritte auf dem Deich konnte man sehen, alles andere war verschluckt. Die Sonne, das Meer, der Strand. Und wo war das Land mit seinen Wiesen und Küstenwäldchen geblieben?
Nirgendwo gab es eine Möglichkeit, sich hinter Büsche zu ducken oder einen anderen Unterschlupf zu finden. Also mussten sie weiter. Hier stehenbleiben im Toben der Elemente ging gar nicht, das war beiden klar, also weiter. Zurück war es zu weit, also voran! Immer geradeaus.
Tief duckte Elisabeth sich gegen den Sturm, der die Regenmassen auf dem Deich gegen sie drückte. Eva lief ganz dicht hinter ihr, als könne sie so dem Unwetter besser ausweichen. Aber vielleicht suchte sie auch nur Schutz bei der Freundin, die sonst doch immer so vollmundig war.
Von Vollmundigkeit konnte bei der jedoch keine Rede mehr sein. Sie war im Nu durchnässt, ohne sich davor bewahren zu können. Zwar hatte sie ihre blaue Windjacke mitgenommen und die Ärmel lässig um den Bauch geschwungen. Man wusste ja nie, ob im April ein Wetterchen kommt. Aber diese hatte sie kaum überziehen können, so sehr hatte der Wind an ihr gezerrt, die Ärmel flattern lassen, so dass sie die Hülle nur flüchtig hatte um sich schlingen und mit beiden Händen krampfhaft festhalten können. Da hatte es Eva

schon ein wenig besser, die sich von Anfang an nicht ohne den Anorak auf den Deich getraut hatte.
Aber dieser Schutz war keiner, denn auch er war im Nu durchnässt und klebte am Körper wie auch die langen Hosen, die sich durchfeuchtet an die Schenkel schmiegten. Es dauerte nicht lange, dann waren auch die Schuhe durchtränkt, in denen die klatschnassen Socken keinen Halt mehr gaben.
Mehr wankend als wandernd schwankten die Freundinnen nun über den Deich. Stehenbleiben half ja nichts, also voran. Wohin auch immer. Voran in die Düsternis, die Nässe, diesen Schlund, der sie aufzusaugen drohte. So kam es beiden zumindest vor – aufgesogen, verschwunden, kafkaesk. Sowas hatte der doch immer geschrieben, war es Elisabeth durch den Kopf geschossen.
Kalt war es beiden mittlerweile auch, bitterkalt. Wenn eben noch die Frühlingssonne sie gewärmt hatte, so machte dieses Unwetter das schnell zunichte. Die innere Weite war gewichen, ganz klein und eng war die Seele geworden, die kurz zuvor noch das Leben freudig begrüßt und gefeiert hatte.
Elisabeth hatte das Gefühl, dieser Weg ende nie. Immerfort müsse sie durch Nebel und Feuchtigkeit laufen, nie mehr werde es anders. Ohne Anfang und ohne Ende schien alles zu sein, ewig. Und nun erst hörte sie auch das Rauschen des Meeres, laut, verhängnisvoll, ja bösartig. Gefahr! Da sagten doch alle immer: „Die Ostsee ist eine Badewanne." Die hatten keine Ahnung. Auch hier lauerte Bedrohung, und wie!
Als ihre Phantasie sich gerade unkontrolliert selbstständig machen und konkrete Schreckgespenste ersinnen wollte,

stockte ihr Fuß an einer Treppenstufe, die nach unten führte. Aufblickend sah sie, dass ein kleiner Weg in das Landesinnere ging, vorbei an …

Nein, das durfte nicht wahr sein. Eine kleine Holzhütte stand am Fuß der Stufen, die nach unten führten. Gebaut wie ein Wartehäuschen, drei geschlossene Seiten, vorne eine große Öffnung. Ein Wartehäuschen mitten im Nirgendwo. Kein Dorf in der Nähe, keine geteerte Straße, aber ein Wartehäuschen. Zuflucht, endlich eine Zuflucht! Rettung vor dem Regen, Rettung vor dem Sturm, Rettung vor … vor allem eben.

So schnell die nasse Kleidung es zuließ, schlurfte sie auf die Hütte zu und erschrak fast ein wenig, als dort bereits ein Ehepaar saß. Dieses jedoch rückte bereitwillig beiseite, machte Platz für Eva und Elisabeth, die sich völlig durchnässt, aber glücklich auf die Bank niederfallen ließen. Soweit man in diesem Zustand überhaupt glücklich sein konnte.

Ein erstes Lächeln huschte über Evas Gesicht, als der Mann ihr einen Fruchtriegel reichte und „Prost“ dazu sagte. Dann gab er auch Elisabeth einen, die erstaunt war, wie schnell Kauen doch vom Unglück ablenkt – und vom Wetter.

Man kam miteinander in ein spannendes Gespräch und konzentrierte sich deshalb nur noch auf die beiden anderen Gestrandeten. Zeit schien nicht mehr zu existieren, Nässe und Unmut waren vergessen. Erst als das Paar nach einer ganzen Weile seine Schirme zückte und weiter wanderte, schaute Eva zum ersten Mal in den Himmel.

„Blau“, entfuhr es ihr, fast staunend, dass es diese Farbe gab. Und dann – „Sonne“, riefen beide, völlig durchnässt und fern der Ferienwohnung.
„Sonne!“
Wie lange es wohl dauert, bis man wieder getrocknet ist?
Sonne ...

Regression

Da sitzen sie nebeneinander in der letzten Reihe, zwischen all den Seniorinnen, die die Vorlesung der Kunstgeschichte besuchen, auch sie Senioren, hinter sich ein erfolgreiches Berufsleben, Applaus, Selbstbestätigung.
Nur aus Liebe zur Sache doziert der Professor, längst emeritiert. Er scheint dieses Podium zu lieben, das er noch hat, das ihm geblieben ist nach vielen Jahren des Weitergebens von Wissen und Erfahrung. Diese Gruppe, die sich bereitwillig jeden Donnerstag versammelt, ohne Zwang, ohne den Druck der Testate und Prüfungen. Diese Gruppe mag er besonders, denn sie bietet ihm die Möglichkeit, noch einmal aus dem Vollen zu schöpfen, ohne Rücksichtnahme auf Alter oder mangelnde Erfahrung. Die haben es wie er hinter sich, können genießen, sind frei von Konkurrenz und Notendruck. Außerdem ist es schön, wieder einmal im Mittelpunkt zu stehen und bewundert zu werden. Deshalb dreht er jeden Donnerstag voll auf, ist launig und intellektuell, weitschweifig und präzise, zerstreut und präsent, kurzum: Er spielt mit seinem Auditorium. Dieses lässt es lächelnd und ohne Ehrgeiz zu.

Doch da hebt sich der Finger des ersten Seniors aus der letzten Reihe in seine Ausführungen über Gestalt, über das Wesen von Rose und Sandhaufen, eines seiner Lieblingsthemen, das keiner oder keinem der Anwesenden neu ist. Aber man toleriert es, weiß ja, dass er dann zu Neuem fortschreiten wird. Das ist nun mal er, so ist er, und man lächelt darüber. In dieses Wissen bohrt sich der Finger des ersten

Seniors, immer in einen dunklen Anzug gekleidet. Ermuntert zur Stellungnahme räuspert sich dieser ausführlich, reckt den leicht schief geneigten Kopf in die Höhe wie ein Vögelchen, das dem Wind zu lauschen versucht, legt eine effektvolle Kunstpause ein, ehe er seine Frage zwischen den leicht schief stehenden Zähnen hervorquetscht. „Müssten wir nicht", so fragt er salbungsvoll, den Professor von unten herauf anbetend betrachtend, „müssten wir nicht unterscheiden zwischen Subjekt und Objekt?", vollendet er seine Frage, die er sich selbst längst beantwortet hat und die ja auch nur rhetorisch ist.
Beifallheischend blickt er den Professor an, der ihm den Gefallen tut, erneut weit auszuholen, muss dieser doch zeigen, dass er die Tiefe des Einwurfs verstanden hat. In die Unruhe der Seniorinnen hinein, denen der Scheincharakter der Frage nicht entgangen ist, hebt der Senior ein zweites Mal an, nachdem er erneut den Finger steif nach oben gestreckt und sich etliche Male vernehmlich geräuspert hat. So aufgeregt ist er, dass er etwas weiß, so aufgeregt, es zu zeigen. Weit öffnet er Mund und Augen, leitet damit die Geburt eines neuen Gedankens, fast stottert er: „Müsste man das nicht unter ontologischen Aspekten ..." Ja, von Philosophie versteht er was, da kennt er sich aus!

Aber ehe er seinen Satz zu Ende führen kann, hat sich, souverän und wie selbstverständlich, natürlich ohne Wortmeldung, das hat man nicht nötig, man ist ja schließlich wer, der zweite Senior, größer und mächtiger als der erste, tief gebräunt vom Tennisspielen und Golfen, den roten Markenpullover aus England trägt er als Statussymbol, in das

Gespräch zwischen seinem Nachbarn und dem Professor eingeschaltet. Das wurde ihm nun doch zu viel, nun ist er dran. Seine tiefe Stimme dröhnt durch den Raum, dass alle, die sich entspannt zurückgelehnt hatten, weil man ja weiß, nun kann es dauern, dass also alle die zusammenschrecken und auffahren. „Das ist nicht on...“, beginnt er, „das ist es gar nicht. Man muss doch die gesellschaftsrelevante Dimension erörtern.“
So, das war's, wer will schon etwas gegen Gesellschaftsrelevanz einwenden, wer? Nun ist er an der Reihe, der andere hat lange genug die Aufmerksamkeit des Auditoriums gehabt. Wo kommen wir denn hin, wenn wir den ausreden lassen? Mindestens zwei Zentimeter größer ist er geworden, nun, nachdem es ihm gelungen ist, den anderen auszustechen. Er blickt sich um, erwartet innerlich Applaus, weil er die Dinge nun endlich mal auf den Punkt gebracht hat!
Die Seniorinnen sinken wieder in ihre Stühle zurück, erwarten ergeben eine neue Tirade des Dozenten, kann doch auch dieser so wesentliche Einwand nicht unwidersprochen bleiben. So wenig neu der Einwand, so wenig neu die nun folgenden Ausführungen. Man gähnt verstohlen hinter der Hand, zwei Damen wagen sogar zu flüstern und zu lächeln. Jedoch folgen alle dem Gesetz der Höflichkeit.

Aber noch ist kein Ende abzusehen, da ja der dritte Senior, ein kleiner, den Kopf gebeugt haltender weißhaariger Mann mit Brille nun auch in die „Diskussion“, wie der Professor das immer zu nennen pflegt, eingreift. Er lässt seinen silbernen Bleistift, den man ihm, wie er immer wieder verlauten lässt, zu seinem Abschied „inner Firma“ geschenkt hat, sinken, hebt den Kopf und meldet sich mit schnalzenden Fingern. Ganz aufgeregt ist er, weil er einen solch tollen Gedanken hat. Kaum abwarten kann er die Aufforderung sich zu äußern, die auch endlich erfolgt. Seine Emotionen sammeln sich in der Spucke am Mundwinkel, als er hervorstößt: „Ja, und ja, und wo bleibt denn nu der Geschmack? Saren se mal, wo bleibt der?", fragt er noch einmal und krempelt sich, denn ihm ist von so viel gedanklicher Arbeit ganz warm geworden, sorgfältig die Ärmel seines rotkarierten Hemdes hoch. Den Seniorinnen geht die Contenance ein wenig verloren, ein Stöhnen geht durch die Reihen, Füße scharren, Collegehefte werden etwas heftiger zugeklappt.

Als der Professor nun, wie es seine Art ist, ausführlich zu diesem neuen Einwurf doziert, wendet sich der dritte Senior, ohne auf die Worte des Vortragenden zu achten, den beiden anderen zu. Die drei schauen sich an, nicken und beginnen einander für ihre Erkenntnisse zu loben, ehe sie der Autorität dort vorne, die ihnen die Weihen der höheren Bildung verleihen kann – nur sie kann es – wieder zuwenden und diese glücklich anstrahlen.

In der letzten Reihe sitzen sie, jede Woche, die drei Senioren zwischen all den Seniorinnen, die gekommen sind, sich mit Kunstgeschichte zu beschäftigen. Zwanglos wollen sie dies tun, genussvoll, entspannt. Diese drei in der letzten Bank – Streber, Wichtigtuer, Dummkopf – nach all den Jahren im Berufsleben, der Erfahrung, der Selbstbestätigung sind sie heimgekehrt. Heimgekehrt in die Schule, in die Rolle, in die Sicherheit, von der sie gar nicht wissen, dass sie sie suchen, die sie mit Worten heftig ablehnen. Jeden

Donnerstag erfahren sie die Freuden der Regression, der Heimkehr in das, was längst hinter ihnen liegt, der Anerkennung durch eine Autorität, die Größe verleiht.
Regression ...

... bis dass der Tod uns scheidet

Da waren sie wieder, die beiden. Fast täglich kamen sie in den Supermarkt. Sie ging vorweg. Er kam immer zwei Schrittchen hinter ihr. Die Tasche trug er. Beide waren jenseits der Siebzig. Die Kinder waren groß. Sie hatten eigene Familien. Schon seit Jahren waren die beiden im Ruhestand. Seitdem machten sie alles gemeinsam. Sie kauften ein. Sie kochten. Sie aßen. Sie ruhten. Sie gingen spazieren. Nie war eines ohne das andere. Nie war das so.

Zielstrebig ging sie zur Wursttheke. Sie wartete niemals auf ihn. Er wird schon kommen. Das wusste sie. Salami verlangte sie und Schinken.

„Schinken", unterbrach er sie, „aber den haben wir ..."

Sie fiel ihm ins Wort. „Schinken", sagte sie energisch zu der Verkäuferin. Drei triumphierende Ausrufezeichen konnte man hören. „Schinken!!!"

„Wenn du meinst", murmelte er. „Wenn du meinst."

Und weiter ging der Einkauf. Sie legte Butter in den Wagen. Dazu ein wenig Käse.

„Nicht so fett", tönte sie. „Du weißt, deine Leber!"

„Ich weiß."

Brot, Kaffee und Mineralwasser füllten den Wagen.

Einmal bog er hinter ihr in einen anderen Gang ab. Ein ganz neues Produkt aus Frankreich wollte er sich ansehen. Im Fernsehen hatte er davon gehört. Das interessierte ihn.

„Papi, wo bleibst du denn?", erscholl ihre Stimme.

Pflichtbewusst eilte er mit seiner Einkaufstasche hinter ihr her.

„Wo warst du denn?", wollte sie wissen. „Wir wollen doch noch ..." Aber da kam auch schon die Kasse in Sicht.
Und nun war es wie jeden Tag. Er packte die Lebensmittel in die mitgebrachte Tasche. Dann schob er den Wagen schon einmal nach draußen. Sie bezahlte an der Kasse. Sorgfältig überprüfte sie den Kassenzettel. Nun erst eilte sie hinter ihm her.
„Papi, warte doch ...", keuchte sie.
Viel zu schnell ging er ihr zum Wagen. Er verweilte. Dann war sie neben ihm. Einträchtig gingen sie weiter bis zu ihrem Auto. Er schloss es auf. Sie ließ sich hastig auf dem Beifahrersitz nieder. Er verstaute die Tasche im Kofferraum. Einen Führerschein hatte sie nie gemacht. Warum auch? Er fuhr doch hervorragend Auto. Überall brachte er sie hin. Das hatte er sein ganzes Leben lang getan. Und nun waren sie im Ruhestand ...
„Denk an deine Kappe, Papi", erinnerte sie ihn. „Dein Haar ist dünn geworden. Du lässt ja immer das Fenster auf", sagte sie vorwurfsvoll. „Das wird zu kalt."
„Ich ...", setzte er an.
„Ich mein es doch nur gut mit dir", stoppte sie ihn.
Seine karierte Kappe liebte er. Er hatte sie schon lange. Sie war aus Irland. Dort hatte er einmal ganz allein Ferien gemacht. Er setzte sie auf und rückte sie zurecht.
Da hörte er plötzlich die Stimme eines Bekannten: „Grüß euch beide!"
Ein kurzer Wortwechsel entspann sich. Sie lachte und führte das Wort. Dann kamen die beiden Männer auf Fußball. Nun drängte sie zum Aufbruch. „Wir wollen doch noch ..."

„Euch sieht man auch immer nur zusammen“, sagte der Bekannte.
„Ja!“, triumphierte sie. „Ja“ Das ist so schöööön im Ruhestand. Wir machen alles zusammen. Wirklich alles. Das ist schön, Papi, nicht wahr? Sach doch auch mal was!“
„Ja“, stimmte er ihr zu. Gottergeben.

Argwohn

Er beobachtete die Frau, wachsam, stets bereit einzugreifen, wenn es gefährlich wurde. Von seinem Platz am Fenster aus beobachtete er sie, von dort sah er alles, alles, was sich außerhalb der Mauern des Hauses abspielte, aber auch, was in dem Zimmer vor sich ging, das er ohne Hilfe nicht mehr verlassen konnte. Und so saß er nun tagaus tagein in dem hohen Sessel, bei dem er die Lehne elektrisch verstellen konnte. Er tat das, was ihm geblieben war: beobachten. Ihn sollte man nicht überraschen, er war wachsam, niemand tat etwas, ohne dass er es mitbekam!

So saß er nun da und schaute der Frau zu, die mit leichten und sicheren Bewegungen den Besen bewegte, den gesammelten Dreck mit dem Handfeger auf das Blech kehrte und anschließend aus dem Raum verschwand. An dem Rauschen des Wassers hörte er, dass sie in der Küche einen Eimer füllte. Das Wasser im Bad hörte sich anders an, ganz anders. So wusste er auch immer, wo sich die Leute befanden in seiner Wohnung. Allein der Anzahl ihrer Schritte konnte er entnehmen, in welches Zimmer sie gegangen waren. Da er das Horchen perfektioniert hatte – ja, seine Ohren ließen ihn nicht im Stich, die nicht! – wusste er meist sogar, was die anderen in diesen Zimmern taten.

Sie war in die Küche gegangen und stand nun am Waschbecken, das sah er vor seinem inneren Auge, die Hände leicht in die Hüften gestützt, das blonde Haar hinten zu einem Zopf zusammengenommen, leicht lächelnd und wie stets in ihre Gedanken versunken. Sie wartete darauf, dass der Eimer gefüllt war. Er hörte, wie sie den Hahn zudrehte und nun schnellen Schrittes, trotz des schweren Eimers, den sie trug, zurückkehrte und in der Nähe des Sessels mit dem Putzen begann. Sie fing immer in dieser Ecke an, das war gut, da hatte er sie unter Kontrolle.

Unauffällig, wie er meinte, ließ er seine Blicke zu dem Vertiko schweifen, das dort hinten in der dunkelsten Ecke des Raumes stand, seinem Vertiko, das bereits in der Wohnung seiner Eltern gestanden hatte. Er hing an diesem Möbelstück, obwohl es eigentlich viel zu gedrungen und dunkel war, aber es war schließlich von seinen Eltern! Außerdem hatte es diese Schublade, die immer klemmte, wenn man an ihr zog, diese Schublade, in der seine Sparbücher lagen und die er von seinem Sessel aus im Auge behalten konnte. Sicher, es waren nur wenige hundert Mark auf diesen Büchern, viel Geld hatte er, der ja fast sein ganzes Leben krank gewesen war, nicht ansammeln können, aber das war sein Geld! Und so mochte er es auch nicht, wenn die anderen in die Nähe des Vertikos kamen, nie hatte er das gemocht.

Die Frau putzte zügig und hatte fast die letzte Ecke des Zimmers, die sie sich immer am Ende vornahm, erreicht. Warum eigentlich immer zuletzt? , fragte er sich. Spekulierte sie darauf, dass er sie, unbeweglich wie er war, nicht fassen konnte, wenn sie die Bücher nahm und verschwand? Unruhig wandte er den Kopf in ihre Richtung, schluckte nervös, so dass sein Adamsapfel hin und her zuckte. Seine Hände stemmten sich auf die Lehnen des Sessels, so als könne ihm das den Halt geben, die Diebin zu fassen, wenn sie enteilen wollte, enteilen mit seinem Geld! Er reckte den Kopf vor

wie ein Vogel im Angriff, räusperte sich aufgeregt, als die Frau nun das Vertiko erreichte, in das Dunkel der Ecke eintauchte und so ein wenig seinem Argwohn zu entkommen schien.
„Bleib von dem Schoss ab!" , entfuhr es ihm, laut und die Stille des Zimmers durchdringend. „Bleib von dem Schoss ab!", rief er der Frau, seiner Tochter, zu, die sich leise lächelnd zu ihm umwandte.

Sonntage sind doof!

(aus „Kindheitserinnerungen")

Sonntag ist Muttertag. Immer – jeden Sonntag ist Muttertag. Das war nämlich der Tag, an dem Mutter sich um mich kümmerte. Kümmern konnte, besser gesagt. Die Woche über musste sie Geld verdienen, Geld für ihre Mutter, ihre jüngere Schwester und für mich, die Fünfjährige, ihre Tochter, die alle anderen Tage der Woche ihrer Mutter anvertraut war, meiner Oma.

Bei ihr bin ich in großer Freiheit aufgewachsen, dort, am Rand von Köln, wo der Asphalt in die Kornfelder überging, das Rauschen der Bäume des nahe gelegenen Waldes nicht nur bei Sturm zu hören war und die beste Freundin vom Bauernhof kam. Dort bin ich aufgewachsen, im ländlichen Köln-Höhenhaus, aufgewachsen mit Oma und Mutter, die kaum Zeit für mich hatte und jeden Morgen „in die Stadt" fuhr, die City von Köln, wo sie Prokuristin in Kölns erstem funktionierenden Schuhhaus nach dem Krieg war.

Sonntags war also Muttertag. An den übrigen sechs Tagen der Woche wurde gearbeitet. Samstags auch. Aber an dem Tag, den Gott erschaffen hatte, damit der Mensch sich ausruhen konnte, gehörte ich der Mutter. Dann wollte sie stolz sein auf das Töchterchen, bewundert werden, wie hübsch es aussah, wie gut es sich zu benehmen wusste, wie gut es gelungen war, obwohl – oder weil, das sei dahin gestellt – der Mann fehlte, immer gefehlt hatte. Ein schwerwiegendes Manko in dieser kleinen katholischen rheinischen Restfamilie. Um dieses Manko aufzuwiegen, hatte ich ‚gelungen'

zu sein, war quasi der Beweis dafür, dass man keinen Mann brauchte, um ein erfolgreiches Leben zu führen.
Geld war 1950 bereits vorhanden in dieser Familie, so dass man sonntags, wenn die Mutter sich um die Tochter kümmerte, etwas unternehmen konnte: ‚in der Stadt' Kaffee trinken, Kakao für das Kind, nach Altenberg in den Märchenwald fahren, am Rhein flanieren in Deutz, Mülheim oder gar Rodenkirchen, in Schlebusch die Tante besuchen, im Königsforst einen gepflegten Waldspaziergang machen, anschließend in den aus dem Boden schießenden Ausflugslokalen eine Limonade trinken.
Allmählich kämpfte das Leben sich aus Ruinen und Mangel. Wer konnte, nahm das Leben wieder dort auf, wo es vor tausend Jahren geendet hatte, zumindest versuchte man es. Und ich war Teil dieses Kampfes um ein bisschen Normalität, Glück, Repräsentation, denn die wurde ganz wichtig in dieser Nachkriegszeit. Jede und jeder sollte sehen können, dass es wieder aufwärts ging, zumindest mit mir! Das waren der Gedanke und das Gefühl der fünfziger Jahre.
Dazu gehörte, dass alle sehen konnten, dass es einem besser ging, man auf dem aufsteigenden Ast war. Am besten gelang das, wenn das Kind anständig gekleidet war! Woher meine Mutter in der damaligen Zeit meine Sonntagskleider genommen hat, wie sie an die Stoffe gelangt war, entzieht sich meiner Kenntnis. Heute noch staune ich darüber, wie chic sie mich immer gemacht hat, wenn sie am Sonntag etwas mit mir unternahm.
So auch an diesem Junitag, der morgens noch sehr unbeständig ausgesehen hatte. Dichte Wolken hatten den Himmel bedeckt, aus denen sogar Regen zur Erde gefallen war,

so dass ich schon gehofft hatte, der Ausflug fiele heute aus und ich könne zu meiner Freundin auf den Bauernhof. Ich wollte doch so gerne mit ihr in den Kuhstall, wo Blume ihr neu geborenes Kälbchen bewachte, das man so gut hätte streicheln können. Es war so weich und anschmiegsam. Wunderbar konnte man kuscheln mit ihm und Blume, an deren warmen runden Bauch man sich hätte lehnen können.

Aber gegen Mittag klarte der Himmel auf, die Wolkendecke riss, blauer Himmel kam hervor, aus dem dann auch ganz schnell die Sonne schien. Ausgehwetter, leider!

Ich wurde in mein bestes blaues Samtkleid gesteckt, zartlila gesmokt an den Handgelenken und über der Taille, so dass der Rock weit um mich herum fiel. Samt! Konnte ich eh nicht anfassen. Sobald meine Finger mit dem Stoff in Berührung kamen, durchfuhr mich ein fürchterliches Kribbeln, ekelhaft, und ich musste mich schütteln. Aber meine Mutter liebte dieses Kleid und fand, dass es für Mädchen nichts Schöneres gebe als ausgerechnet Samt. Der sah so hübsch aus zu den dunklen Haaren des Kindes. Die waren zwar störrisch, aber Samt ließ das vergessen. Über das langärmlige Samtkleid, in dem ich die Arme weit von mir streckte, um ja nicht an den Stoff zu kommen, kam ein zartes, weißes, wolkiges Etwas. Ein weißes Schürzchen aus Organza. Volants an dem Oberteil, die gestärkt in die Höhe standen, in der Taille gebunden mit einer riesigen Schleife, vorne zwei Ziertäschchen, die dem Ganzen nach Meinung meiner Mutter das gewisse Etwas gaben. Dazu weiße Kniestrümpfe und als Krönung schwarze Spangenschuhe aus Lack, das Neuste vom Neuen aus dem Schuhgeschäft.

Ein Hahnenkamm – so nannte man diese Frisur wirklich –, den eine gebundene weiße Schleife zierte, vollendete das für den Muttertag gerüstete Kind!
„Geh doch schon mal runter!", ermunterte mich meine Mutter. „Ich komm gleich." Die beengten Wohnverhältnisse ließen das als geboten erscheinen.
Hätte sie das bloß gelassen!
„Ja", schrie ich schon im Weghasten, schmiss die Holztür in dem Dachgeschoss, in dem wir in zwei kleinen Zimmerchen wohnten, hinter mir zu, polterte die Treppen hinunter und stürzte auf die Straße. Da blinzelte ich nun im hellen Sonnenlicht die Höhenhausenerstraße rauf – Bäume und Waldrand – und runter – Häuser, fest entschlossen, an der Haustüre in Ruhe auf die Mutter zu warten. Wir wollten in die Innenstadt fahren, das wusste ich, da hatte ich besonders propper auszusehen! Wir hätten ja jemanden treffen können ...
Weil ich mich langweilte, denn die Mutter kam und kam nicht, hüpfte ich ein paar Schritte vor, dann wieder zurück, weiter vor – und stutzte. Mein Blick war auf die Gosse gefallen und dort hängengeblieben. Dort glänzten wunderschöne Steine aus dem Lehm hervor, den der heftige vormittägliche Regen hinterlassen hatte. Gleich vor dem Gully lagen sie, waren wohl dorthin geschwemmt worden und hatten nicht durch das Gitter gepasst. Ich ging etwas näher heran. Versuchung pur: regenglänzende Steine, wie frisch gewaschen, mit bunten Schlieren oder weißen Flecken, gemustert, größer oder auch kleiner.
Rasch bückte ich mich zu ihnen, strich mit meinen Fingern über sie hinweg, fühlte den Formen nach und hielt schon

den ersten in der Hand. Wohin damit? Klar, in die Schürzentasche, dafür war sie schließlich da. Nicht zur Zierde, sondern als Aufbewahrungsort. Also begann ich selbstvergessen die Steine aus der lehmigen Gosse zu klauben und in die beiden Taschen zu stopfen, die mein Organzaschürzchen zierten. Einen nach dem anderen. Auf den Lehm, der natürlich an ihnen klebte, achtete ich nicht, sondern ich stieß und presste, was meine kleinen Hände ergreifen konnten, in die Taschen. Das Ratsch, das plötzlich ertönte, hörte ich gar nicht, sondern freute mich, dass nun wohl noch mehr Platz war für meine Beute. Auch das zweite Ratsch missachtete ich.

Das war eine Freude, so viele wunderschöne Steine zu finden, die der Regen gerade vor den Gully an unserem Haus gespült hatte! Die würde ich der Sammlung hinzufügen, die ich an der Gartentür angelegt hatte. So viel Fang auf einmal, Erfolg pur, reines Glück, Ge…

„Renate“, gellte es in mein Triumphgefühl, „Renate, du Schwein!“

Renate? Wer war gemeint …? Ich! Es konnte nur ich gemeint sein, wer sonst …?

Schon fühlte ich mich am Arm gepackt, hoch gezerrt und hin und her geschüttelt.

„Du Ferkel! Kann man dich denn nicht mal …? Musstest du …? Nicht mal zwei Minuten …! Immer …!

Wohlbekannte Worte schwirrten um mich her, begleitet von Schütteln und Zerren.

„Guck dich doch mal an!“, klang es fast schon mit ersterbender Stimme, „guck dich mal an!“

Ich wachte auf aus meiner Steinetrance und meinem Glücksgefühl.
„Guck dich an!“
Oh ja, ich schaute an mir herunter. Nass und schmutzig hing meine Schürze über einem blauen Samtkleid, das riesige Lehmflecken aufwies. Aus den aufgerissenen Taschen quollen die Steine hervor, die, als ich mich aufrichtete, polternd um mich herum zu Boden fielen. Mit dreckigen Kniestrümpfen, von denen einer bis zur Ferse herabgerutscht war, und zerkratzten Lackschuhen stand ich inmitten meiner Beute auf der sonnigen Höhenhausenerstraße und starrte meine Mutter an, die wie eine Riesin vor mir aufragte, mit erhobener rechter Hand. Ich duckte mich, um möglichst einer Ohrfeige zu entgehen, wagte aber kein einziges Wort. Fühlte tiefes Bedauern – meine Steine. Aber die konnte ich nun vergessen, das war mir klar.

Wortlos schnappte meine Mutter nach meinem Oberarm, zerrte mich zur Haustür, zog mich hinter ihr her die Treppenstufen empor, riss die Wohnungstür auf und schob mich heftig in die Küche, in der meine Oma ausgehbereit – sonntags hatte sie frei, dachte sie – mit Hut und Tasche stand.
„Da, das Schwein, sie hat, das ist doch, Sauerei, was das gekostet hat, nie kann man …“
Wortströme ergossen sich über mich und meine Oma, die ja im Grunde ganz unschuldig an dem Geschehen war.
Den Rest des Sonntages, Muttertages eigentlich, verbrachte ich als Verbannte in meinem Bett, laut und anhaltend schluchzend zunächst, was dann in ein anhaltendes, wimmerndes Greinen überging.

Warum ich so schluchzte? Sicherlich nicht wegen des entgangenen Kakaos in irgendeinem Café, aber meine Steine … Sag ich doch: Sonntage sind doof.

Das geht auch ...

(aus „Was wäre wenn ...")

Wie es war: Nach dem Abitur im Jahre 1965 war für mich ganz klar: Ich werde Deutsch und Geschichte studieren für das Lehramt am Gymnasium. Das hatte sich in den letzten drei Jahren ganz klar als Berufswunsch herausgebildet. Mit jungen Menschen konnte ich umgehen. Seit Jahren leitete ich eine Gruppe Pfadfinderinnen. Das Vorbereiten der Gruppenstunden machte mir riesigen Spaß. Wenn wir am Wochenende mit dem Rucksack über Hügel und durch Wiesen und Wälder zu einer Jugendherberge wanderten, hatte ich das Gefühl, am richtigen Platz zu sein.
Also hatte sich der Berufswunsch nahezu von selbst entwickelt. Er wuchs und wuchs, und war an einem Abend im April 1965 spruchreif. Mein Stiefvater, der sehr stolz auf mich war, bat mich nämlich ernst um ein Gespräch, in dem er wissen wollte, was ich studieren und später werden wollte. „Lehrerin für Deutsch und Geschichte", sprudelt ich ohne Nachdenken heraus.
Es folgte ein langes Schweigen, dann bekam ich von ihm eine Menge Gegenargumente zu hören, die ich wohl alle wacker parierte. Am Ende war er hochzufrieden mit meiner Wahl und beglückwünschte mich zu ihr.
Zunächst war ich richtig sauer auf ihn gewesen, dass er es mir so schwer gemacht hatte, verstand dann später aber, dass er hatte wissen wollen, ob ich wusste, was ich tat.
Also studierte ich Deutsch und Geschichte in Köln, legte zur geplanten Zeit mein Philosophikum ab und nach 11 Semestern das erste Staatsexamen. Die Studienzeit habe ich nicht

so sehr geliebt, war aber dann glücklich, als ich zum Referendariat nach Duisburg kam. Endlich eine eigene Wohnung, endlich die Bewährung!
36 Jahre bin ich im Schuldienst gewesen, voller Zufriedenheit und voller Erfolg, wie ich denke und ehemalige Schüler mir bestätigen. Alle Aufgaben, etwas noch Weitreichenderes als Unterricht zu machen, habe ich begeistert angenommen: zunächst in Fachkonferenzen, lange Zeit als Vertrauenslehrerin, als langjähriges Mitglied im Lehrerrat. Als sich mir dann, als ich 33 Jahre alt war, die Möglichkeit bot, Referendare im Fach Deutsch auszubilden, habe ich mich beworben und die Stelle bekommen. Das hat mein stolzer Stiefvater gerade noch mitbekommen, ehe er verstarb.
Etwa zehn Jahre, nachdem ich das Gefühl hatte, in der Ausbildung sei ich nun sicher, ich wisse, wie ich anderen meine Auffassung von gutem Unterricht vermitteln könne, habe ich zusätzlich die Erprobungsstufe übernommen. Klassenlehrerin war ich ja, was ungewöhnlich ist bei Fachleitern, stets. Ich wollte den Kontakt zu den Schülern nicht verlieren.
Circa 25 Jahre habe ich so gearbeitet, dann aber Lust bekommen, noch einmal etwas ganz anderes zu machen und bin stellvertretende Schulleiterin geworden, was ganz neue Aufgaben mit sich brachte. 2006 bin ich pensioniert worden.
Ich habe die Jahre in der Schule sehr genossen, versucht, das Beste für die SchülerInnen, aber auch für mich zu erreichen, was mich heute mit Zufriedenheit auf diese Zeit zurückblicken lässt.

Das was wäre, kann nicht sein. Es kann nicht sein, weil zu der Zeit, als ich studiert habe, zwei Staaten in Deutschland existiert haben, die meinen Traum zur damaligen Zeit nicht zugelassen hätten. Nicht einmal träumen können hätte man diese Vision, weil wohl kaum jemand geglaubt hatte, die beiden Teile Deutschlands kämen irgendwann einmal zusammen und Durchlässigkeit sei möglich.

Stellen wir das zunächst fest und lassen es dann außer Acht. Tun wir so, als seien 1965 nach meinem Abitur die Verhältnisse so gewesen wie heute. Wieder einmal bittet mein Stiefvater zu einem Gespräch und fragt, was ich studieren wolle und wo. Dieses Mal erlaubt mir seine Frage sogar eine Ortswahl.

Wie aus der Pistole geschossen kommt meine Antwort: „Ich will Psychologie studieren in Greifswald."

Wieder eine lange und strenge Befragung, ein Anzweifeln meiner Pläne, der Zwang, mir über meine Ziele ganz klar zu werden. Ja, Psychologie wollte ich studieren, mit medizinischer Grundlage natürlich. Wissenschaftlich sollte es ja sein und mir die Erkenntnisse vermitteln, die ich dazu brauchte. Alles über den Menschen zu erfahren, seine Psyche, seine Normalität, aber eher noch sein Abweichen von ihr – denn was ist schon normal? –, damit wollte ich mich auseinandersetzen, nachdem ich zunächst einmal die Grundlagen erforscht hatte.

In Greifswald sollte das geschehen, weil das so eine wunderschöne Stadt ist. Eine Hansestadt, nahe an der Ostsee gelegen, schnell ist man auf Rügen und auf Usedom. Caspar

David Friedrich hatte dort gelebt und gewirkt, und das zog mich magisch an. Durch die Straßen gehen, durch die er, aber auch Hans Fallada und Wolfgang Koeppen gegangen waren, das wollte ich auch. Leben wollte ich dort, nicht nur Tourist sein. Mitten in der wunderbaren Backsteingotik. Dabei mir die Meeresluft um die Nase wehen lassen. Viele Menschen wollte ich dort treffen, interessierte, aufgeschlossene, idealistische Menschen, die wie ich einem Ziel entgegenstrebten und dabei lebten. Kurz: Eine tolle Studienzeit wollte ich verbringen.
Das alles muss meinen Stiefvater wohl völlig überzeugt haben, so dass ich einen Monat später aus dem Zug in Greifswald stieg, den Stadtgraben überquerte und in der Knopfstraße ein Zimmer in einem der alten Bürgerhäuser bezog. Es war klein, hatte Bett, Schrank und – ganz wichtig – Bücherregale. Eine Dusche befand sich direkt auf dem Flur, die ich mir mit einer anderen Studentin teilte.
Zur Uni konnte ich fußläufig kommen. Ich überquerte den Marktplatz, was immer von Neuem ein Vergnügen für mich war. Die vielen Stände mit vorpommerschem Obst und Gemüse, stets frisch, den Bernsteinschmuckstücken und dem lecker duftenden Brot entzückten mich jedes Mal, wenn ich Richtung Uni ging. Meist war meine Begleiterin die Mitstudentin aus der Knopfstraße, aber oft traf ich auch andere, die zu den Hörsälen eilten.
Das Studium machte mir viel Spaß. Begeistert lauschte ich den Vorlesungen, schrieb eifrig mit, was ich für behaltenswert hielt, am meisten aber liebte ich die Übungen, in denen echte Menschen ihre Probleme vorstellten.

Nach zwölf Semestern machte ich mein Examen und begann meine Berufstätigkeit in einer Reha Klinik, direkt am Ostseestrand gelegen. Man musste nur die Promenade überqueren, dann war man am Strand, streckte die Füße in den Sand, dämmerte in den Himmel hinein oder löste Probleme, die sich bei der Behandlung aufgetan hatten. Die ersten Jahre meiner Tätigkeit als Psychologin wollte ich in einer Klinik verbringen, in einem Team arbeiten und möglichst viel lernen. Von den Patienten, aber auch von meinen Kolleginnen. Denn es gab nur Frauen, die hier psychologische Beratungen durchführten.
Acht Jahre später war es dann so weit. Ich fühlte mich nun erfahren und fit genug, mich selbstständig zu machen. Mitten in Stralsund, einer weiteren Hansestadt, eröffnete ich unweit des Domplatzes eine Praxis. Ein reiner Zufall hatte es gefügt, dass die Räume gerade frei waren und ich sie umgehend beziehen konnte. Für mich aber war es Fügung. Ich, die als Kölnerin mitten in der Geschichte aufgewachsen war, musste in einer Stadt leben, in der man auf Schritt und Tritt den Atem des Mittelalters spürte. Wenn sie dann noch wie Stralsund am Strelasund unmittelbar an der Brücke nach Rügen lag, blieben für mich keine Wünsche offen.
Bis zu meiner Verrentung blieb ich in diesen Räumen, die zwar klein, aber sehr funktional und hübsch gestaltet waren. Viele Frauen kamen zu mir – fast ausschließlich Frauen –, mit denen ich an ihren Traumata arbeitete, versuchte, mit ihnen gemeinsam den Mustern auf die Spur zu kommen, die sie zum Teil fast ein Leben lang gequält hatten, und freute mich über jede, die mich nicht mehr brauchte,

weil sie gelernt hatte, allein mit sich und ihren Dämonen klar zu kommen.
Nach der Dienstzeit bin ich an den Rand von Ahrenshoop gezogen, nahe der Steilküste und nicht weit vom Kunstkaten entfernt. Hier lebe ich heute noch, pflege mein Bauerngärtchen, solange das noch geht und freue mich über jedes Gespräch zu jedwedem Thema, das ich mit Gästen oder Vorüberkommenden führe.
So wäre es, wenn ...
Nun ist der Traum Realität geworden. Das Schreiben gibt ihm ja eine ganz eigene Wirklichkeit. Ich brauche ihn nicht mehr zu träumen, denn ich habe ihn schreibend erlebt.
Danke.

Wann ist Weihnachten?

Draußen war Weihnachtswetter. In Köln hieß das Regenrieseln, mal stärker, mal schwächer, alles grau in grau, nicht zu kalt und nicht zu warm, Windschauer. Nur im Kopf war das Bild vom fallenden Schnee, dichten weißen Flocken, die Autodächer und Straßen bedeckten, Fußspuren im Park, sternüberglänzte Dämmerung. Weihnachten halt. Stattdessen, siehe oben.

Drinnen aber war Heiliger Abend. Aufgeregt verbrachte Moni den Nachmittag, ließ sich den Becher mit Kakao schmecken, während sie mit ihren Buntstiften ein Bild mit schneebedeckten Bergen und einer Hütte am Waldrand kolorierte und dabei leise vor sich hin sangt: „Adeste fidelis ..." Das war ihr Lieblingslied. Das hatten sie im Kommunionunterricht gelernt, und es war so schwer, weil man ja gar nicht wusste, was das Latein darin bedeutete.

„Adesti fidelis, laeti triumphantes, venite, venite ..."

Blauer Rauch stieg aus dem Schornstein der kleinen Hütte, ein letzter Strich noch in Braun, und nun war auch das kleine Haus mit seiner runden Tür vollständig.

„Oma, wann ist Weihnachten?"

„Gleich", tönte es vom Ofen her, wo die Großmutter die Suppe für den festlichen Abend rührte, damit sie nicht klumpte. Der Geflügelsalat wartete bereits im Kühlschrank. „Gleich holt uns die Mama ins Wohnzimmer."

Moni konnte es kaum erwarten. Es hatte so geheimnisvoll geraschelt, als sie an der Wohnzimmertür gelauscht hatte. Dabei musste sie ganz vorsichtig sein, damit sie keinen

Schatten warf, denn das Glas in der Scheibe verriet einen sonst sofort.
Natürlich glaubte sie längst nicht mehr an das Christkind, wusste, dass es die Mama war, die alles für den Heiligen Abend bereitete, aber das machte es nicht weniger faszinierend. So waren ihre Ungeduld und die Frage, ob es wohl die gewünschte Babypuppe sein würde, kaum noch auszuhalten.
Es ging ihr wieder gut, der kleinen Familie, die aus diesen drei Frauen bestand: Großmutter, Mutter, Kind. Der Krieg war seit acht Jahren beendet, der Mutter war es gelungen, eine sehr gute Stelle zu finden, die die drei bestens ernährte, und seit einem Jahr wohnten sie nun auch in Stadtnähe und hatten mehr Platz. Nur über die Brücke musste man gehen, dann war man am Dom. Moni sollte nach Ostern zur Erstkommunion gehen. Alles, wie man es sich wünschte. Da war es nicht so schlimm, dass ein Mann in der Familie fehlte.
In Monis Gesumme schrillte plötzlich das Telefon im Flur. Flugs war sie aufgesprungen, um das Gespräch in Empfang zu nehmen, das tat sie immer, neugierig, wie sie war. Aber die Mutter war schneller gewesen, als hätte sie geahnt, dass das Klingeln an diesem Abend nur ihr gelten könnte. Sie hielt bereits den Hörer am Ohr, als Moni die Küchentür aufriss. Die Wohnzimmertür hielt sie, wie die Tochter mit einem Blick bemerkte, mit der linken Hand geschlossen.
„Mm“, hörte man nur, während die Mutter der Stimme, die laut, aber unverständlich für Oma und Tochter aus dem Hörer schallte, lauschte. Dann nur: „Klar, ich bin sofort da. Nehme mir eine Taxe.“

Das klang nicht gut, überhaupt nicht. Das Gesicht der Mutter, das an diesem Abend einmal so heiter und entspannt gewesen war, hatte sich verfinstert. Die Augenbrauen waren zusammen gezogen und die Stirn gekräuselt, der Mund streng und verkniffen. Das Geschäftsgesicht war da, so nannte Moni es stets. Sie mochte es nicht.
„Es brennt im Laden“, rief die Mutter der Großmutter zu, „ich muss weg. Ich habe den Schlüssel.“
Sie musste weg? Jetzt?
„Mama, wann ist Weihnachten?“, rief Moni mit lauter Stimme, ängstlich nun, und packte die Mutter am Arm. Unwillig schüttelte diese sie ab, mit Gedanken schon weit fort. Im Geschäft, wie Moni wusste.
Aber sie vergaß nicht, die Wohnzimmertür abzuschließen und den Schlüssel einzustecken, ehe sie sich in ihren braunen Mantel hüllte und die beige Kappe aufsetzte. Ein schneller Blick in den Spiegel, ein Strich mit dem Lippenstift, alles wie immer, wenn sie ins Geschäft ging.
„Wenn ich wieder da bin“, rief sie im Weghasten, dann knallte die Korridortür hinter ihr zu. In der kurzen Sekunde hatte man aus dem Treppenhaus ein „Freue dich, freue dich, oh Christenheit“ gehört. Die Müllers oben bescherten wohl schon und ließen eine Langspielplatte dazu laufen.
„Freue dich“, murmelte Moni mürrisch und schaute zu ihrer Oma, die mit Kochschürze und Holzlöffel in der Küchentür stand und auf die geschlossene Tür starrte, durch die ihre Tochter verschwunden war.
Als sie die bärbeißige Miene ihrer Enkelin sah, lächelte sie ihr aufmunternd zu und meinte: „Wird schon nicht so lange

werden. Sie schließt auf und nimmt 'ne Taxe. Sache von 'ner halben Stunde."
Dabei drehte sie sich, um die Enkelin nicht länger anschauen zu müssen. So ganz glaubte sie wohl selbst nicht, was sie sagte.
Moni folgte ihr langsam in die Küche und schloss die Tür fest hinter sich, damit die Wärme nicht in den Flur abzog. Man hatte gelernt zu sparen, das tat sie ganz automatisch, auch wenn sie wütend war.
„Blödes Geschäft", maulte sie vor sich hin, „immer das blöde Geschäft", als sei das Feuer dort eigens am Heiligen Abend ihretwegen ausgebrochen. Immer nahm ihr der Laden die Mutter, waren die Schuhe, die dort ausgestellt und verkauft wurden, wichtiger als alles andere auf der Welt. Sah man ja, auch wichtiger als Weihnachten.
Die Großmutter hatte einen neuen Becher voll mit warmem Kakao vor sie hingestellt, sogar einen Klecks Sahne hatte sie oben drauf gegeben.
Aber das konnte sie nicht freuen, denn zu sehr durchschaute die Achtjährige, dass sie abgelenkt und getröstet werden sollte. Wieder einmal. Denn oft zog es die Mutter auch außerhalb der Dienstzeit in die Firma, und die beiden blieben allein zurück.
Mit einer Tasse Tee setzte die Großmutter sich nun an den Tisch und griff zu ihrem Strickzeug, um sich die Zeit zu vertreiben.
„Oma, wann ist Weihnachten?" Ganz ängstlich war der Blick, den sie auf die Strickende richtete.
„Bald, Moni, bald", war die Antwort, und „wenn die Mama wieder da ist", wurde schnell hinzugefügt.

„Ach, das ist ja ewig.“ Das kannte sie. Zu oft war sie vertröstet worden und hatte man versucht, sie zu beruhigen. Aber dass alles, was mit der Arbeit der Mutter zusammenhing, wichtiger war als selbst die Tochter, das war nichts Neues für das Kind.

Moni starrte eine Weile durch das Fenster in die Dunkelheit, stand dann langsam auf und öffnete die Balkontür. Kälte quoll in den Raum, aber sie scherte sich nicht darum, sondern trat auf die kleine Veranda, die vor der Küche lag. Wenn die Sonne schien, spielte sie dort mit ihren Puppen, malte oder schnitt aus, das tat sie für ihr Leben gern.

Heute aber war es trostlos dort draußen. Wieder einmal war das Nieseln des Regens stärker geworden, und die Kälte kroch ihr unter den roten Pullover, den guten neuen, und ließ sie frösteln.

Rundum richtete sie ihren Blick durch den Innenhof und sah in vielen Fenstern Kerzenlicht schimmern. Auch Musik konnte sie hören, gesungen oder von der Platte. Die Bescherung hatte begonnen. Unwirsch drehte sie sich um und sah in ihrem Fenster nur die an der Decke hell leuchtende Küchenlampe und darunter saß die Großmutter, die sich gerade einen lockeren Haarzopf in den Knoten steckte. Das andere Fenster war dunkel. Kein Weihnachten, alles wie immer.

Moni trat wieder in die Küche, knallte die Balkontür zu und riss den Vorhang vor, wohl um das Draußen auszusperren. Die Großmutter hatte bei den Aktivitäten ihrer Enkelin aufgeschaut, die Stirn gerunzelt und hätte sicherlich gerne etwas gesagt, was sie aber nicht tat. Sie verstand wahrscheinlich, dass das Mädchen seine Aggressionen ausleben musste. Also schwieg sie und wandte sich still erneut ihrem Strickzeug zu. Sie gab dem Kind keine Gelegenheit, seine Wut an ihr auszulassen.

Anstatt sich hinzusetzen, ging Moni zum Schrank, öffnete die Tür und starrte in das Innere. Dann schlug sie sie zu, schlurfte zum Herd, hob den Topfdeckel und rührte, als habe das einen Sinn, in der Suppe. Aber auch dies tat sie nur eine gewisse Weile, dann ließ sie den Deckel mit einem Knall fallen, ging zur Toilette, kehrte zurück und nahm wieder auf der Bank Platz, wo auf dem Tisch vor ihr immer noch ihre Buntstifte lagen. Diese nahm sie nun einzeln in die Hand, spitzte die stumpf gewordenen sorgfältig an, prüfte sie und sortierte sie nach Farben geordnet in eine Schachtel. Erst dann schaute sie zur Uhr. Keine dreißig Minuten waren vergangen.

„Wann ist denn nun Weihnachten, Omi?“, fragte sie. Fast ein wenig verzweifelt klang es. „Alle feiern, nur wir ...“ Tränen waren ihr in die Augen gestiegen, obwohl sie sich so tapfer dagegen gewehrt hatte. Langsam rollte eine einzelne ihre Wange herunter.

„Hab ein wenig Geduld“, antwortete ihr die Großmutter, liebevoll und ganz vorsichtig, „die Mama kommt gleich, sicher.“

Seufzend griff das Kind zu einem Buch, schlug es an einer beliebigen Stelle auf und blickte auf die Buchstaben, schien aber den Sinn nicht wahrzunehmen.

Nach einer Weile schlug sie es heftig zu, rannte dann plötzlich zum Fenster, schob die Vorhänge ein wenig zur Seite und schaute nach draußen. Dann lümmelte sie sich erneut auf die Bank und schlenkerte mit den Beinen.

Während die alte Frau und das Kind auf die Mutter warteten und in der Küche beieinander saßen, verging die Zeit unendlich langsam. Noch mehrere Male hatte Moni nach Weihnachten gefragt, aber irgendwann war sie völlig verstummt und hatte resigniert.
Als so Stunden vergangen waren, fiel ihr Kopf schwer auf die Tischplatte. Sie zuckte zusammen und riss ihn hoch. „Wann ...?“, hob sie an.
Aber die alte Frau sagte sehr liebevoll zu ihr: „Komm, leg dich ein wenig hin. Da vergeht die Zeit schneller.“ Liebevoll führte sie ihre Enkelin ins Schlafzimmer und half ihr zu Bett.

Am nächsten Morgen wurde das Mädchen von einer lebhaften Mutter geweckt. „Aufstehen, Moni“, hörte es eine fröhliche Stimme. „Jetzt ist Weihnachten. Komm ins Wohnzimmer. Bleib ruhig im Schlafanzug. Heute darfst du das. Wir wollen feiern.“ Das Mädchen blinzelte, und die Mutter drängte: „Willst du denn gar nicht sehen, was das Christkind dir gebracht hat?“
Quatsch, Christkind, sie war doch kein Baby mehr. Und überhaupt: Heute war nicht Weihnachten! Das war gestern Abend gewesen! Widerwillig ließ sie sich von der betriebsamen Mutter in das Wohnzimmer ziehen, wo die Großmutter schon erwartungsvoll neben dem Tannenbaum stand. Die Kerzen waren angezündet und die Geschenke schön verpackt um den Ständer drapiert. Hinter einem von ihnen lachte die ersehnte Babypuppe.
Mittlerweile hatte die Mutter die Platte mit den Weihnachtsliedern aufgelegt und angestellt, und vom

Plattenspieler ertönte: „Vom Himmel hoch, da komm ich her …" Auffordernd hielt die Mutter der Tochter die Bibel hin. „Komm, Moni, du bist dran. Heute ist Weihnachten."

Ja, jetzt wäre ihr Auftritt gewesen. Sie hätte die Weihnachtsgeschichte lesen sollen: „Es begab sich aber zu der Zeit, dass ein Gebot von dem Kaiser Augustus ausging …"

Das Kind starrte aus dem Fenster. Hell war es an diesem Feiertag, und die Sonne lachte trotz der halb vorgezogenen Vorhänge, die Dunkelheit vortäuschen sollten.

„Nein", sagte sie, „heute ist nicht Weihnachten."

Buon Natale

(aus „Weihnachtszauber")

Es war heiß, ungewöhnlich heiß für diese Jahreszeit. Der November war fürchterlich gewesen. Es hatte ununterbrochen geregnet, Stürme hatten die alten Pinien am Ende des Gartens, auf denen der Blick so wundervoll hatte verweilen und von dort in die Ferne schweifen können, entwurzelt, die Straße nach Piedimonte war tagelang unbefahrbar gewesen. Nun aber, im Dezember, strahlte die Sonne vom Himmel herab, als hätte sie sich vertan, geglaubt, es sei bereits Frühling und nicht mitten im Winter. Winter, in dem im Mühltal der Schnee die Dächer der Häuser und alle Wiesen bedeckte, den Weg ins Dorf mitunter zur Mühsal werden ließ, aber zu Weihnachten gehörte wie Tanne, Kerzen, Lebkuchen und silbernes Lametta, das von den Zweigen hing und sich in den alten Kugeln spiegelte.

Das Mühltal … gehasst hatte sie es, weg hatte sie gewollt, nur weg. Also war sie mit knapp siebzehn Jahren nach Amsterdam aufgebrochen. Zur Kunstschule hatte sie gewollt, nur dorthin. Alles andere hatte sie abgelehnt: Matura, Ausbildung in der nächsten Kreisstadt oder gar in Wien, das man ihr verzweifelt als Anreiz vorgeschlagen hatte. Nein, Amsterdam und die Kunstschule dort hatten es sein müssen, so dass sie, noch lange nicht volljährig, mit der erzwungenen elterlichen Einwilligung dort ihr Studium begann. Ohne die ansonsten notwendige Matura. Auf die hatte man verzichtet, so begabt wie sie war.

Schnee im Mühlviertel und Sonne auf Sizilien. Sie blinzelte und griff zu ihrem Bauch, der zeigte, dass es bis zur

Entbindung nicht allzu lange mehr sein würde. Langsam waren ihre früher so fixen Bewegungen geworden, als sie nun die Hände mühevoll in den Rücken schob, sich von der Bank erhob und zu dem Herd ging, auf dem wie immer die Cafeteria vor sich hin simmerte. Aus drei Teilen bestand sie: dem Wasserbehälter, dem Kannenaufsatz, in den der Espresso floss, und dem wichtigsten Teil, dem Sieb, in das man das Mehl gab. Das hatte sie in den letzten Monaten gelernt, ganz schnell hatte sie es gelernt, dass in Sizilien nichts ohne die Cafeteria ging, die fortwährend auf dem Ofen stand und der man ununterbrochen – so zumindest kam es ihr vor – wenige Tropfen Espresso entnahm. Espresso bei jedem Wetter, zu jeder Tageszeit und jeder Gelegenheit.
Mit der kleinen braunen Tasse trat sie an das Fenster, von dem aus man das ganze Tal bis hin zum Ätna überblicken konnte. Grün war alles, wohin man schaute. Nicht weiß wie im Mühltal, fuhr es ihr flüchtig durch den Kopf. Aber dieser Gedanke wurde energisch beiseitegeschoben. Nein, auf Sizilien schien die Natur überzuborden. Fruchtbarkeit, wohin man schaute. Grün, alles grün im Dezember. Dagegen weiß im Mühltal ...
Im Januar sollte ihr erstes Kind geboren werden. Ein Monat noch, dann wurde ihre Liebe zu Antonio gekrönt. Antonio, 34 Jahre alt. Ihr Lehrer war er gewesen in Amsterdam. Sein Stipendium war an einen Lehrauftrag geknüpft gewesen, als sie nach dorthin gekommen war. Aktzeichnen hatte sie bei ihm lernen sollen, eines der Pflichtseminare, die sie in ihrem Studium belegen musste. Ganz unkonventionell hatte Antonio, der Sizilianer in Amsterdam, die Schüler, die ihm zugeteilt worden waren, dazu geführt, dem nackten

Modell nachzuspüren und es mit Bleistift oder Kohle auf Papier zu bringen.
In den ersten Stunden hatte sie sich in ihn verliebt, den Lehrer mit den schwarzen Locken, den glühenden Augen und einer Lebendigkeit, die sie in ihren Bann gezogen hatten. Siebzehn war sie gewesen, damals, und nun, mit neunzehn Jahren lebte sie in einem kleinen Haus oberhalb von Taormina mit ihm und erwartete das erste gemeinsame Kind, Antonios und ihr Kind!
So schnell war alles gegangen. Ehe sie sich versehen, ja, fast ehe sie einen einzigen vernünftigen Gedanken hatte fassen können, hatten Lehrer und Schülerin ihre Rollen vergessen und waren ein Liebespaar geworden. Geheim hatten sie das halten müssen, an der Kunstschule war das nicht erwünscht. Gottlob war Antonios Lehrauftrag befristet gewesen, so dass er ohnehin, als ihr Verhältnis aufgeflogen war, nach Sizilien hatte zurückkehren wollen.
Für sie, die sich nun Brigit, mit einem klingenden J in der Mitte, nannte, hatte es keinerlei Überlegens bedurft. Brigitte aus dem Mühltal, die immer so ungern dort gewesen war, hatte alles über Bord geworfen, was bis dahin ihr Leben erfüllt hatte: Kunst, Pflichtgefühl, Versprechen an die Eltern, das so hart erkämpfte Leben in Amsterdam. Für sie gab es nur noch Antonio, nicht mehr ihr Lehrer, nur noch ihr Geliebter. Bei ihm wollte sie sein. Da fiel es nicht schwer, alles andere hinter sich zu lassen und ihm auf die Insel zu folgen. Sizilien sollte ihre neue Heimat werden. Achtzehnjährig war sie mit ihm gegangen, gegen den Widerstand ihrer Eltern, der Wirtin in Amsterdam, die so etwas wie die Verantwortung für sie übernommen hatte und der

Menschen in der Kunstschule, die so viel von dieser außerordentlich begabten Stipendiatin erwartet hatten.
Sizilien. Ihre Ankunft dort war nicht die glücklichste gewesen. Willkommen hatte sie man nicht geheißen, ganz im Gegenteil. Antonios Mamma, der Papa lebte nicht mehr, mochte den Sohn nicht teilen, erst recht mit so einer Ragazza aus dem Mühltal. Die konnte ihrem geliebten Figlio doch keine Frau sein!

Ein knappes Jahr war seitdem vergangen. Brigittes – oder besser Brigits – Eltern schrieben zumindest ab und zu, auch wenn sie todunglücklich über das Verhalten der Tochter waren. So ganz wollten sie sich nicht von ihr abwenden, sie war immerhin ihre Älteste, von der sie sich so viel versprochen hatten.
Antonio hatte für sie ein kleines steinernes Haus oberhalb von Taormina gefunden, drei Zimmer, eine kleine Terrasse, fließendes Wasser, Gott sei Dank. Ein steiler Fußweg von fast einer halben Stunde führte zu dem nächsten Geschäft. Das hatte sie aber gar nicht schwanken lassen. Ungestört hatte sie hier mit Antonio ihr Leben führen können: viel Liebe, Malen, Beieinandersein, Genießen. Ihre Rolle als Hausfrau hatte sie wie selbstverständlich angenommen.
Nur heute, da war alles anders. War es die Schwangerschaft, die sie unleidlich machte? Immer wieder irrten ihre Gedanken zum Mühltal, sie konnte sie nicht zur Ruhe bringen. Musste immer denken, was dort geschah, an diesem Tag, dem 24. Dezember 1957.
Vater und Bruder waren wohl im Wald gewesen, hatten eine Tanne – keine Fichte – durch den tiefen Schnee ins

Haus gebracht und in der Wohnstube aufgestellt. Ob die anderen schon die Kerzen und Kugeln angebracht hatten, das Lametta auf den Zweigen verteilt? Im Ofen brutzelte der Braten, Spekulatius und anderes Gebäck waren sicher wie jedes Jahr in großen Dosen verstaut. Durch den Schnee würden sich Eltern und Geschwister zur Kirche kämpfen, um hinterher in der Stube beisammen zu sitzen, zu singen und zu erzählen.

Brigit wischte sich den Schweiß von der Stirn und schloss die Augen. Zum ersten Mal wollte sie den Ätna nicht sehen, die sprossenden Wiesen und in der Ferne das blaue Meer. Schnee lag im Mühltal, tiefer weißer Schnee. Wie sehnte sie sich nach seiner Kühle, der weißen Geborgenheit, die alles bedeckte: Wiesen, Bäume, Hecken und Zäune, Dächer und Wege.

Seufzend wandte sie sich von dem Fenster ab und betrachtete das sonnendurchflutete Zimmer: Steinfliesen, der Herd mit der blubbernden Cafeteria, die beiden Bambussessel. Der eine mit dem rot gold gestreiften Kissen, damit sie es bequemer hatte, jetzt, so kurz vor der Entbindung. Sonne, die sie sonst so liebte, Hitze, Staub, Dunst in der Ferne, flirrendes Licht über dem dort hinten liegenden Meer.

24.Dezember 1957, Weihnachten. Weihnachten auf Sizilien …

Sich nähernde Schritte schreckten sie auf. Ehe sie jedoch zu der Türe gehen konnte, öffnete sich diese von außen. Herein schob sich – sie traute ihren Augen nicht – herein schob sich eine kleine Pinie, wachsgelbe Kerzen an ihr, einige schon etwas krumm von der Wärme der Sonne. An den

Ästen steckten viele kleine bunte Schleifen, rot, gelb, weiß, blau, orange, die die Zweige fast verdeckten.
„Buon Natale, Tesoro“, tönte Antonios Stimme durch die geschmückte Pinie hindurch. „Setz die Spaghetti auf, wir wollen feiern.“

Danke

Ganz herzlich „danke“ sagen möchte ich meiner Verlegerin, Manuela Klumpjan. Dieses Buch wäre wahrscheinlich ohne ihren Anstoß gar nicht erschienen. Lektoriert hat sie es dann auch noch.
Danke, Manuela!

Über die Autorin

Renate Habets verbrachte ihre Kindheit, ebenso die Schul- und Studienzeit in Köln, wohnt aber seit über vierzig Jahren in Duisburg, wo sie als Deutsch- und Geschichtslehrerin, Fachleiterin für Deutsch und stellvertretende Schulleiterin lebte. Seit 2006 ist sie im (Un)ruhestand und genießt ein frei bestimmtes Leben ohne Stundenplan.

In ihrem Leben als Pensionärin fand sie zu Farbe und Stift, veröffentlichte acht Bücher und schrieb Texte für zahlreiche Anthologien des Edition Paashaas Verlag, für den sie mittlerweile auch lektoriert. Ein Leben ohne Farben und besonders ohne Worte, die fiktionale Welten erschaffen, kann sie sich nicht mehr vorstellen. Sie will es auch gar nicht.

http://www.renatehabets.de

Von ihr im EPV erschienen:

Lieselotte – die Last von zwei Leben
Paperback, Format 13,5 x 20 cm, 252 Seiten
ISBN: 978-3-96174-094-9
9/2021, VK: 11,95 €

Lieselotte – die Last von zwei Leben erzählt die Geschichte einer Frau, deren ältere Zwillingsschwester tot geboren wird, das Leben der Überlebenden jedoch über Jahrzehnte bestimmt. Auf der Suche nach ihrem Zuhause muss sie viele Hürden überwinden, nicht zuletzt auch die in sich selbst. Lieselotte entwickelt eine multiple Persönlichkeitsstörung, um vor der Welt zu fliehen und sich selbst zu finden.

Nur ein Leben
Paperback, Format, 14,8 x 21 cm, 212 Seiten
ISBN: 978-3-96174-049-9
09/2019, VK: 11,95 €

Judiths Leben scheint vorgezeichnet: aufwachsen in zwar schwerer Zeit, aber eine trotz allem behütete Kindheit und Jugend, danach das Studium, dann Ehe und Familie. Aber so soll es nicht kommen. Das Leben geht seinen eigenen Weg und zwingt die Frau, Abschied von ihren Vorstellungen zu nehmen und einen selbständigen Weg zu suchen, der nicht vorgezeichnet ist.
Ein Frauenleben nimmt seinen Lauf, überraschend, lebendig, psychologisch durchdacht.

Außerdem zahlreiche Beiträge in Anthologien:
Geschichte in Strandgeflüster
Kapitel in Verloren
Geschichte in Heiter bis stürmisch
Geschichte in Einfach Leben
Geschichte in Moderne Weihnachten
Kapitel in Schnauze
Kapitel in Intrigenspiel – der 2. EPV-Roman
Kapitel in Machenschaften – der 1. EPV-Roman
Geschichte in Heiter bis verliebt
Geschichte in Vorfreude auf Weihnachten
Geschichte in Heiter bis feierlich
Geschichte in Heiter bis köstlich

Mehr auf www.verlag-epv.de